Französisch SIMULTAN

FRANZÖSISCH SIMULTAN

Hören – Verstehen – Sprechen

Intensiv-Sprachkurs mit deutscher Simultanübersetzung

von
Prof. Ludwig Steiner
und
Dr. Isolde Steiner

Autoren: Prof. Ludwig Steiner und Dr. Isolde Steiner
Gesamtherstellung: HONOS Verlag, Köln

ISBN 3-8299-9727-2

Einführung

Mit FRANZÖSISCH SIMULTAN lernen Sie Französisch vor allem durch Hören, Verstehen und Sprechen, denn auf den Tonträgern werden Sie durch Hinweise, Erklärungen und Übersetzungen Schritt für Schritt durch den Kurs begleitet. Unsere Moderatorin gibt Ihnen die Sicherheit, dass Sie kontrolliert und effektiv lernen. Das Buch kann Ihnen dabei helfen, muss aber nicht zwingend parallel dazu gelesen werden.

Die Moderatorin hält an vielen Stellen mehr Informationen als das Buch für Sie bereit – und dies im lockeren Plauderton – denn was man hört, lernt man leichter. Grammatikalische Schwierigkeiten überwinden Sie leichter, wenn sie Ihnen im direkten Kontakt erklärt werden.

Damit Sie mit Freude dabeibleiben – das Lernen der französischen Sprache in der Freizeit soll ja auch Spaß machen –, spricht Sie unsere Moderatorin auch direkt an, vor allem am Ende und am Anfang eines Dialogs. Wir sind sicher, Sie kommen damit zurecht, auch wenn diese populären Sprachwendungen nicht alle im Buch aufgeführt sind.

In diesem Buch finden Sie natürlich alle Gespräche und Sprechtrainings auf Französisch und deren zeilengleiche deutsche Übersetzung, zusätzlich Erklärungen zur französischen Sprache und zu den neuen Vokabeln ein Wörterverzeichnis. Wenn Sie Französisch in Wort und Schrift lernen wollen, ist es nützlich, dass Sie nachlesen, was Sie durch Hören und Sprechen bereits gelernt haben. Vor allem wenn es um sprachliche Probleme geht, die mit der Schreibweise zusammenhängen, sollten Sie das Buch als Hilfe nutzen.

Hinweisen möchten wir Sie noch auf die übersichtliche Zusammenstellung der Grundgrammatik im Anhang und auf die vielen Tests zu den einzelnen Dialogen.

Erfolgreich lernen mit FRANZÖSISCH SIMULTAN

HÖRTRAINING DIREKT (zuhören)

Konzentrieren Sie sich beim HÖRTRAINING DIREKT (nur auf Französisch, ohne deutsche Übersetzung) ganz auf das Klangbild und das hörmäßige Erfassen des Gesprächs. Hören Sie sich dieses immer wieder an, bis Sie in der Lage sind, die französischen Laute nachzusprechen.

Unsere Moderation gibt sich alle Mühe, damit Sie, liebe Zuhörer, lernen, die französischen Laute und Ausdrücke zu verstehen und nachzusprechen.

HÖRTRAINING SIMULTAN (verstehen – übersetzen)

Mit Hilfe der Simultanübersetzung sollen Sie lernen, den französischen Gesprächstext zu verstehen. Prägen Sie sich anhand der leicht verständlichen Erklärungen zu Grammatik und Sprachgebrauch die französischen Wörter, Ausdrücke und Redewendungen ein.

SPRECHSETS SIMULTAN UND DIREKT (zuhören und nachsprechen)

Auf jeden Satz folgt eine Pause, in der Sie nachsprechen sollen. Ahmen Sie dabei Ihre französischen Freunde Brigitte und Pierre so gut nach, wie es Ihnen möglich ist. Übertreiben Sie ruhig ein bisschen! Machen Sie diese Übungen mehrmals und beachten Sie immer wieder die Hinweise unserer Moderatorin zur Aussprache.

Sie erleichtern Ihre Sprechübungen, wenn Sie wissen, wie die einzelnen Laute gebildet werden. In den Dialogen 3, 11 und 19 finden Sie einen speziellen Leitfaden zur Aussprache anhand von bekannten Namen und Ausdrücken, nach Lautgruppen geordnet.

SPRECHSETS DIREKT (eine Sprechrolle übernehmen)

Wenn Sie schon weiter fortgeschritten sind, dann können Sie in vielen Fällen die Nachsprechpause dazu nutzen, eine gestellte Frage selbstständig zu beantworten.

Hier ein Beispiel:

Sie hören:	→	Garçon, un café, s'il vous plaît.
Sie antworten in der Nachsprechpause:	→	Voilà le café, Monsieur.
Sie hören die richtige Antwort:	→	Voilà le café, Monsieur.

Inhaltsverzeichnis

CD 2 Kassette 2 A-Seite: Dialogue 17–23/B-Seite: Dialogue 24–30

CD 3 Kassette 3 A-Seite: Dialogue 31–37/B-Seite: Dialogue 38–44

CD 4 Kassette 4 A-Seite: Dialogue 45–52/B-Seite: Dialogue 53–60

Anhang

Allô, chers amis!

FRANZÖSISCH SIMULTAN – Französisch zum Hören, Trainieren und Mitsprechen mit deutscher Simultanübersetzung. Französisch speziell für aktive Leute, die viel unterwegs sind und nicht immer das Lern- und Übungsbuch zur Hand haben! Französisch im Flug sozusagen – oder im Auto –, also überall und jederzeit!

Wir freuen uns, dass Sie mit uns Französisch lernen wollen und begrüßen Sie ganz herzlich! Schon beim ersten Gespräch werden Sie merken, wie einfach es ist, mit unserer **Simultanmethode** zu lernen: Brigitte und Pierre sprechen Ihnen Satz für Satz vor und Sie, *chers amis*, sprechen sofort mit. Meist können Sie sich auch direkt am Gespräch beteiligen.

Damit Sie auch ohne Übungsbuch lernen können, übersetze ich für Sie simultan ins Deutsche. Außerdem gebe ich Ihnen alle nötigen Erklärungen und führe Sie – sozusagen als Ihre ‚Privatlehrerin' – durch die französische Sprache. Ohne viel Zeit und Mühe und vor allem **ohne Vorkenntnisse** erwerben Sie Grundwortschatz und typische Redewendungen der französischen Umgangssprache.

Wir führen Sie durch 60 *dialogues* (Dialoge), die in der Regel ein **Eingangsgespräch aus dem täglichen Leben, ein Sprechtraining zum Nach- oder Mitsprechen** und ein **Wörterverzeichnis mit vielen Erläuterungen** enthalten.

Meist hören Sie das Eingangsgespräch zweimal: einmal nur auf Französisch, damit Sie in die Fremdsprache ‚eintauchen' können, und einmal mit simultaner deutscher Übersetzung und Erklärungen zur französischen Sprache unter dem Motto: **Hörtraining simultan.**

Bleibt uns nur noch, Ihnen viel Spaß und Erfolg zu wünschen!

Allez-y et bonne chance! **Dann also los und viel Glück!**

Dialogue un

Bonjour Mesdames, Mesdemoiselles et Messieurs!

Gespräch 1

Guten Tag, meine Damen und Herren!

Bevor Sie Ihre Reise nach Paris beginnen, möchten wir Sie begrüßen, chers auditeurs *(liebe Zuhörer), und Ihnen Ihre französischen Partner, Brigitte und Pierre, vorstellen.*
Brigitte und Pierre sind bemüht, Ihnen den Einstieg in die französische Sprache so einfach und amüsant wie möglich zu machen.
Besonders die Gespräche 1 und 2 sollten Sie sich zum Einhören möglichst oft anhören. Zunächst hören Sie nur aufmerksam zu. Nach mehreren Wiederholungsdurchgängen versuchen Sie nachzusprechen. Ahmen Sie dabei Brigitte und Pierre so gut nach, wie Sie können.

Écoutez attentivement!

Allez-y!

Parlez-vous français? Non? Alors, apprenez le français avec nous!

– Bonjour, Madame.

Bonjour, Monsieur.
Bonjour, Mademoiselle.

Je suis Brigitte.

– Je suis Pierre.
– Et je suis Françoise.

– Parlons français!

– Oui, parlons français!
– Parlons de Paris!
– **Oui,** parlons de Paris!

Hören Sie aufmerksam zu!

Dann also los!

Sprechen Sie Französisch? Nein? Dann lernen Sie Französisch mit uns!

– Guten Tag, Madame (meine Dame).

Guten Tag, Monsieur (mein Herr).
Guten Tag, Mademoiselle (mein Fräulein).

– Ich bin Brigitte.

– Ich bin Pierre (Peter).
– Und ich bin Françoise.

– Sprechen wir Französisch!

– Ja, sprechen wir Französisch!
– Sprechen wir von Paris!
– **Ja,** sprechen wir von Paris!

O

Dialogue 1

Zur Aussprache

Sie haben schon bemerkt, dass man die französischen Wörter meist anders spricht als man sie schreibt. Nehmen Sie als Beispiel das Wort **madame**: Man schreibt **madame** und spricht [madam]. Der **e-Laut** wird am Ende der Wörter nicht gesprochen.

Auch bei **Paris** wird der Endbuchstabe **s** nicht gesprochen: Man schreibt **Paris** und spricht [pari].

Bonjour!	Guten Tag! Guten Morgen!

Hier spricht man also **ou** wie **u**. Sie werden bald feststellen, dass es gar nicht so schwer ist, die französischen Wörter auszusprechen. Zum Beispiel spricht man **ou** immer wie **u**.

Wenn unter dem ç ein Häkchen (eine *Cedille*) steht, wie in **français** oder **Françoise**, dann spricht man es immer wie **scharfes ß**!

Écoutez à nouveau attentivement!

Hören Sie noch einmal aufmerksam zu!

Erläuterungen

Unter diesem Stichwort finden Sie die notwendigen Erklärungen und Hinweise zur französischen Sprache. Meist ergibt sich die Bedeutung der Ausdrücke schon aus dem Dialogtext. Besonders beachten sollten Sie die Ausdrücke, die in den Kästchen stehen.

madame	Madame, gnädige Frau
mademoiselle	mein Fräulein
mesdemoiselles	meine ‚Fräuleins'
mesdames et mesdemoiselles	meine Damen
monsieur	mein Herr
messieurs	meine Herren
Je suis	Ich bin
Je suis Brigitte	Ich bin Brigitte
Je suis Pierre	Ich bin Pierre (Peter)
Je suis Françoise	Ich bin Françoise (Franziska)
et	**und**
français	französisch *(Häkchen unter dem c!)*
oui	ja
Parlons ...!	**Sprechen wir ...!**
Parlons français!	Sprechen wir Französisch!
Parlons de Paris!	Sprechen wir von Paris!
Parlez-vous français?	Sprechen Sie Französisch?
alors	dann
Apprenez le français	Lernen Sie Französisch (das Französische)
avec nous!	mit uns!
à nouveau	von neuem

Dialogue deux

Gespräch 2

Ça va bien, ma chérie?

Geht's dir gut, mein Liebling?

Und schon führen Sie den ersten Smalltalk und erkundigen sich nach dem Befinden.
Hören Sie sich das Gespräch mindestens dreimal aufmerksam an und versuchen Sie dann nachzusprechen.

Écoutez bien!

– Salut, Brigitte!
– Salut, Pierre!
– Ça va bien, ma chérie?
– Merci, ça va bien.

– Salut, Françoise!
– Salut, Pierre!
– Ça va bien, ma chérie?
– Merci, ça va bien.

– Au revoir!
– Au revoir, Pierre!
– Salut, Françoise.

Hören Sie gut zu!

– Hallo, Brigitte!
– Hallo, Pierre!
– Geht's gut, mein Liebling?
– Danke, es geht (mir) gut.

– Hallo, Françoise!
– Hallo, Pierre!
– Geht's gut, mein Liebling?
– Danke, es geht (mir) gut.

– Auf Wiedersehen!
– Auf Wiedersehen, Pierre!
– Tschüs, Françoise.

Erläuterungen

Salut!	Hallo! Servus! Guten Tag! Tschüs!	
Ça va bien? / Ça va?	Geht's gut?	(Cedille unter dem c, Aussprache wie ß.)
ma chérie	mein Liebling (eine Frau ist gemeint)	
merci	danke	

Beachten Sie: Mit Ausnahme von Eigennamen (*Brigitte, Pierre*) und geografischen Bezeichnungen (*Paris, le mont Blanc*) schreibt man alle Wörter klein. Außerdem werden in der Anrede *madame, monsieur* usw. meist großgeschrieben: *Monsieur le Professeur*.

Écoutez à nouveau attentivement!

Hören Sie noch einmal aufmerksam zu!

Dialogue 2

Test

Suchen Sie die fehlenden Ausdrücke im vorangehenden Text und schreiben Sie sie ab, damit Sie sich Schritt für Schritt an das französische Schriftbild gewöhnen.

... Madame.	→	Guten Tag, Madame.
... Monsieur.	→	Guten Tag, Monsieur.
... Mademoiselle.	→	Guten Tag, Mademoiselle.
Je ... Brigitte.	→	Ich bin Brigitte.
Je ... Pierre.	→	Ich bin Pierre.
Parlons français!	→	Sprechen wir Französisch!
Oui, ... français!	→	Ja, sprechen wir Französisch!
... de Paris!	→	Sprechen wir über Paris!
Oui, ... de Paris!	→	Ja, sprechen wir über Paris!
..., Brigitte!	→	Hallo, Brigitte!
..., Pierre!	→	Hallo, Peter!
Ça va bien, ma chérie?	→	Geht's gut, mein Liebling?
Merci, ... va bien.	→	Danke, es geht (mir) gut.

Dialogue trois

Gespräch 3

Isabelle, René, Ginette, Hélène, Suzette, Charles et Claudine

Leitfaden zur Aussprache (französische Vornamen)

Sie hören nun einige französische Vornamen, die Sie sicher kennen.
Überlegen Sie beim Anhören und Mitsprechen, wie man die einzelnen französischen Laute ausspricht.
Machen Sie dieses Hör- und Sprechtraining immer wieder.

Écoutez bien!

Hören Sie gut zu!

e am Wortende wird nicht gesprochen:

Salut Brigitte, Charlotte, Nicole,
Isabelle, Claudine, Mireille,
Suzette, Ginette, Liliane, Monique,
Nathalie et Sophie.

○

é wird dagegen betont gesprochen:

Salut René, André, Béatrice et Cécile.

○

Hören Sie sich nun diese Vornamen an, die alle mit g beginnen:

g spricht man vor e und i wie weiches, stimmhaftes sch, sonst immer wie g

Gérard, Germaine, Ginette, Georges,
Gilles, Gilbert,
Gabriel, Gaston,
Gustave.

○

h wird nicht gesprochen:

Salut Henri, Hélène et Hubert.

○

j spricht man immer wie weiches, stimmhaftes **sch**:	Bonjour **J**ean, **J**acques, **J**ulien, **J**ulie et **J**eannette.
u spricht man wie **ü** (Lippen runden!):	Sal**u**t J**u**liette! Sal**u**t J**u**les! Sal**u**t S**u**zette! Sal**u**t G**u**stave!
ch spricht man vor Vokalen wie **sch** und vor Konsonaten wie **k**:	**Ch**er **Ch**arles, **ch**ère **Ch**arlotte, **ch**er **Ch**ristian, **ch**ère Claire.
au spricht man wie **o**:	**Au** revoir P**au**l! **Au** revoir P**au**lette! **Au** revoir Maurice! **Au** revoir Cl**au**de! **Au** revoir Cl**au**dine!

Für heute verabschieden sich Brigitte und Pierre von Ihnen:

Au revoir Nicole!
Au revoir Suzette!
Au revoir Nathalie!
Au revoir Henri!
Au revoir Hubert!

Hören Sie sich diese ersten Übungen zur Aussprache immer wieder an und versuchen Sie, Brigitte und Pierre so gut wie möglich nachzuahmen. Übertreiben Sie ruhig ein bisschen! Genaue Übersichten zur Aussprache finden Sie bei Gespräch 11 (Nasallaute) und bei Gespräch 19 (Vokale und Konsonanten).

Dialogue quatre

Gespräch 4

Où est le restaurant Montmartre?

Wo ist das Restaurant Montmartre?

Bei Ihrem ersten Besuch in Frankreich stellen Sie zunächst viele Fragen. Sie fragen nach einem Hotel, einem guten Restaurant und nach vielen Dingen mehr.

Hören Sie wieder aufmerksam zu und versuchen Sie nachzusprechen.

Écoutez attentivement!

– **Où est** le restaurant Montmartre?
– **Voilà** le restaurant Montmartre.

– Où est le passeport?
– Voilà le passeport.

– Où est le café?
– Voilà le café.

– Où est la tasse?
– Voilà la tasse.

– Où est la bière?
– Voilà la bière.

– Où est la cigarette?
– Voilà la cigarette.

– Où est l'hôtel Central?
– Voilà l'hôtel Central.

– Où est l'apéritif?
– Voilà l'apéritif.

Hören Sie aufmerksam zu!

– **Wo ist** das Restaurant Montmartre?
– **Da ist** das Restaurant Montmartre.

– Wo ist der Pass?
– Da ist der Pass.

– Wo ist das Café?
– Da ist das Café.

– Wo ist die Tasse?
– Da ist die Tasse.

– Wo ist das Bier?
– Da ist das Bier.

– Wo ist die Zigarette?
– Hier ist die Zigarette.

– Wo ist das Hotel Central?
– Da ist das Hotel Central.

– Wo ist der Aperitif?
– Da ist der Aperitif.

Continuez à parler!

Sprechen Sie weiter!

Der bestimmte Artikel: le – la – l'

Écoutez et répétez, s'il vous plaît!

Hören Sie bitte gut zu und sprechen Sie nach!

le	restaurant
le	passeport
le	café
la	tasse
la	bière
la	cigarette
l'	hôtel
l'	apéritif

Erläuterungen

Où est …?	Voilà …
Wo ist …?	Da ist …

Où est …?	**Wo ist …?**
le restaurant	das Restaurant
le passeport	der Pass
Voilà …	**Hier ist/Da ist …**
le café	das Café, der Kaffee
la tasse	die Tasse
la bière	das Bier
la cigarette	die Zigarette
l'hôtel	das Hotel
l'apéritif	der Aperitif

Im Deutschen gibt es drei Geschlechter, verdeutlicht durch die Artikel:
der – die – das.

Im Französischen gibt es nur **zwei Geschlechter** (männlich und weiblich):

- Der bestimmte Artikel lautet männlich **le** (**le** café)
und weiblich **la** (**la** tasse).

- Vor Wörtern, die mit einem Vokal (Selbstlaut) beginnen, werden **le** und **la** zu **l'**: **l'apéritif.**

- Da der **h**-Laut im Französischen nicht gesprochen wird, beginnt auch **hôtel** in der Aussprache mit einem Vokal und **le** bzw. **la** wird zu **l'** verkürzt: l'hôtel, l'heure.

Substantive (Hauptwörter), die im Deutschen sächlich sind, z. B. *das Restaurant, das Bier,* sind im Französischen männlich oder weiblich: **le** restaurant, **la** bière. Außerdem können männliche Substantive im Französischen weiblich sein und umgekehrt.

Sie sollten sich daher Substantive (Hauptwörter) immer mit dem dazugehörigen Artikel einprägen.

Zur Aussprache

Bestimmt ist Ihnen sofort aufgefallen, wie klar und deutlich im Französischen **die Vokale** klingen! Wenn Sie Brigitte und Pierre nicht nur hören, sondern auch sehen könnten, würden Sie feststellen, dass sie beim Sprechen die Lippen viel stärker bewegen als wir es im Deutschen tun.

Die Betonung
Anhand von vielen Beispielen haben Sie bereits erfahren, wie man im Französischen innerhalb von Wörtern oder Sätzen betont.

Im **einzelnen Wort** hat die **letzte voll tönende Silbe** den **Hauptton**, z. B. Paris, merci, cigarette, voilà.

Dialogue cinq

Où est la gare, s'il vous plaît?

Sie stellen weitere Fragen:

Où est … s'il vous plaît?

Écoutez et répétez, s'il vous plaît!

– Où est la gare?
Où est la gare, s'il vous plaît?

– Où est la gare de l'Est?
Où est la gare de l'Est, s'il vous plaît?

– Où est la station de métro?
Où est la station de métro, s'il vous plaît?

– Où est l'hôtel Central?
Où est l'hôtel Central, s'il vous plaît?

– Où est le téléphone?
Où est le téléphone, s'il vous plaît?

– Où est l'opéra?
Où est l'opéra, s'il vous plaît?

– Où est la Seine?
Où est la Seine, s'il vous plaît?

Gespräch 5

Wo ist bitte der Bahnhof?

Wo ist … bitte?

Hören Sie bitte zu und sprechen Sie nach!

– Wo ist der Bahnhof?
– Wo ist bitte der Bahnhof?

– Wo ist der Ostbahnhof?

– Wo ist die U-Bahnstation?

– Wo ist das Hotel Central?

– Wo ist das Telefon?

– Wo ist die Oper?

– Wo ist die Seine?

Erläuterungen

Où est ... ?	Wo ist ... ?
la gare	der Bahnhof
la gare de l'Est	der Ostbahnhof
s'il vous plaît	**bitte** *(wenn es Ihnen beliebt)*

Wie Sie sehen, ist der französische Ausdruck für ‚bitte' etwas umständlich. Sollten Sie Ihren Gesprächspartner duzen, dann sagen Sie entsprechend: **s'il te plaît** *(wenn es dir beliebt)*.

la station de métro	die U-Bahnstation
le téléphone	das Telefon
l'opéra (de Paris)	die Oper (von Paris)
la Seine	die Seine

Die Akzente

Sie haben es schon bemerkt, Akzente stehen nicht nur über dem e-Laut (é, è, ê), sondern auch über anderen Vokalen:
à, où, là, voilà, hôtel, s'il vous plaît.

Diese Akzente – im Unterschied zu denen über dem e-Laut – ändern nichts an der Aussprache. Vergessen Sie aber nicht, diese Akzente zu schreiben!

Dialogue 5

Test

1 Ergänzen Sie den bestimmten Artikel.
Zur Lösung vergleichen Sie mit dem vorhergehenden Text.

… restaurant – … opéra – … gare – … Seine – … hôtel – … bière – … passeport – … cigarette – … tasse – … café

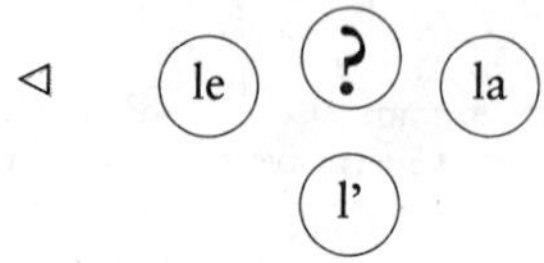

2 Schreiben Sie die folgenden Vornamen ab und erinnern Sie sich dabei, dass man **g** vor **e** und **i** wie stimmhaftes **sch** ausspricht.

Brigitte Ginette Georges Gilbert

3 Versuchen Sie nun dieses Gespräch zu lesen. Und seien Sie nicht entmutigt, wenn es nicht auf Anhieb klappt. Sie können sich dieses Gespräch (Dialogue 2) ja immer wieder anhören.

– Salut, Brigitte!
– Salut, Pierre!
– Ça va bien, ma chérie?
– Merci, ça va bien.

– Salut, Françoise!
– Salut, Pierre!
– Ça va bien, ma chérie?
– Merci, ça va bien.
– Au revoir!
– Au revoir, Pierre!
– Salut, Françoise.

Dialogue six

Gespräch 6

Merci, Monsieur!

Danke, mein Herr!

Sie stellen wieder Fragen mit Où est ...? *und antworten mit* là. *Anschließend bedanken Sie sich mit:* Merci, Monsieur.
Hören Sie wieder aufmerksam zu und versuchen Sie, chers amis, *so gut wie möglich nachzusprechen. Konzentrieren Sie sich dabei besonders auf das ß in* merci *und die Aussprache des Wortes* monsieur *sowie auf die verschiedenen e-Laute:*

• helles scharfes e:	le métro, le téléphone, l'opéra (Lippen spreizen!)
• e am Wortende:	wird nicht gesprochen (z. B. *madame*)
• offenes ö:	le (Lippen runden)

Écoutez et répétez, s'il vous plaît!

– Où est la gare, s'il vous plaît?
– Là, Mademoiselle.
– Merci, Monsieur.

– Où est la station de métro, s'il vous plaît?
– Là, Mademoiselle.
– Merci, Monsieur.

– Où est l'hôtel Central, s'il vous plaît?
– Là, Mademoiselle.
– Merci, Monsieur.

– Où est le téléphone, s'il vous plaît?
– Là, Mademoiselle.
– Merci, Monsieur.

– Où est l'opéra, s'il vous plaît?
– Là, Mademoiselle.
– Merci, Monsieur.

– Où est la Seine, s'il vous plaît?
– Là, Mademoiselle.
– Merci, Monsieur.

Hören Sie zu und wiederholen Sie, bitte!

– Wo ist bitte der Bahnhof?
– Da, mein Fräulein.
– Danke, mein Herr.

– Wo ist die U-Bahnstation, bitte?
– Da, mein Fräulein.
– Danke, mein Herr.

– Wo ist bitte das Hotel Central?
– Da, mein Fräulein.
– Danke.

– Wo ist bitte das Telefon?

– Wo ist bitte die Oper?

– Wo ist bitte die Seine?

Continuez à parler!

Sprechen Sie weiter!

Die Akzente

Die Akzente auf dem e-Laut verändern die Aussprache.

é (z. B. in **café, téléphone, métro, opéra, apéritif**) spricht man immer hell und scharf.
è (z. B. in **bière**) und }
ê (z. B. in **fête** = Fest) } spricht man immer wie ä.

Trainieren Sie mit uns!

Achten Sie dabei besonders auf den Ausdruck **le téléphone,** denn er enthält die 3 e-Laute: in **le** ein kurzes, offenes ö (Lippen runden!), in **téléphone** zweimal den hellen, scharfen é-Laut und am Ende das stumme e!

le métro, le métro, le métro }
le café, le café, le café } Lippen spreizen!
le téléphone, le téléphone, le téléphone }

Où est? ▷ Là ...

Wo ist? ▷ Da/Dort ...

Beachten Sie den Akzent von là.
Für die Aussprache hat dieser Akzent keine Bedeutung (siehe Gespräch 5).
Andere Beispiele: voilà, hôtel, s'il vous plaît.

Bonne chance!

Viel Erfolg!

Erläuterungen

Oui, Monsieur. – Non, Monsieur. – Bonjour, Monsieur.

Im Gegensatz zum Deutschen verwendet man im Französichen die Anrede *Madame*, *Mademoiselle*, *Monsieur* usw. sehr häufig. Man vermeidet es aber bei der Anrede den Familiennamen zu nennen.

Aus Gründen der Übersichtlichkeit haben wir diese Anreden mitübersetzt.

Je vous‿en prie!   Bitte sehr!

Ihnen ist sicher die ‚Bindung' aufgefallen, d. h. das Schluss-s wird gesprochen, wenn der folgende Ausdruck mit einem Vokal beginnt: *Je vous‿en prie!*

Test

1 Ordnen Sie diese drei Sätze zu einem Gespräch:

Merci, Monsieur.
Là, Mademoiselle.
Où est la station de métro, s'il vous plaît?

Korrektur: Siehe vorangehende Gespräche.

2 Fügen Sie bitte die fehlenden Wörter ein:
Où est la gare, ...? (bitte)
Où est . . . .? (die U-Bahnstation)
Où est le téléphone . . . .? (bitte)

Korrektur: Siehe vorangehende Gespräche.

Dialogue sept

Gespräch 7

Bonjour, Monsieur!

Guten Tag, mein Herr!

Und jetzt einige Ausdrücke, die Sie bei einem Frankreichaufenthalt sofort benötigen.

Écoutez et répétez!

Hören Sie zu und wiederholen Sie!

Bonjour, Monsieur.	Guten Tag, mein Herr.
Oui, Monsieur. **Non**, Monsieur.	**Ja**, mein Herr. **Nein**, mein Herr.
Bonjour, Monsieur.	**Guten Tag**, mein Herr.
Pardon!	Pardon! Verzeihung!
Merci.	Danke. Danke schön.
Merci bien.	Vielen Dank.
Je vous en prie!	Bitte sehr!
Comment?	Wie? Wieso?
Comment, s'il vous plaît?	Wie bitte?
Vous permettez?	Sie gestatten?
Où?	**Wo? Wohin?**
Qui?	**Wer?**
Quand?	**Wann?**
Parlez plus lentement, **s'il vous plaît.**	Sprechen Sie **bitte** langsamer.
C'est combien?	Das macht wie viel?
C'est cher. C'est trop cher.	Das ist teuer. Das ist zu teuer.
C'est chic. C'est formidable.	Das ist schick. Das ist toll.
Vous désirez?	Sie wünschen?
Je voudrais …	Ich möchte …
Au revoir!	Auf Wiedersehen!
À bientôt!	Auf baldiges Wiedersehen!
À ce soir!	Bis heute Abend!
À demain!	Bis morgen!
merci	**danke**

Continuez à parler!

Sprechen Sie weiter!

Sie sehen am Wort *merci*, dass man **c** vor **i** (und **e**) wie **scharfes s (ß)** ausspricht. In allen anderen Fällen spricht man **c** wie **k** (z. B. *comment?* = wie?), außer das **c** hat eine **Cedille** (Häkchen), z. B. in Françoise.

merci Monsieur, merci Monsieur, merci Monsieur
merci Mademoiselle, merci Mademoiselle, merci Mademoiselle
merci Madame, merci Madame, merci Madame

Dialogue huit

Garçon, un café, s'il vous plaît!

Gespräch 8

Kellner, einen Kaffee, bitte!

Nach einem Spaziergang entlang der Seine nehmen wir auf der Terrasse des Café de la Paix *eine kleine Erfrischung ein. Wir rufen den Kellner und geben unsere Bestellung auf.*

Dabei beschäftigen wir uns besonders mit dem **unbestimmten Artikel un** und **une:**

Hören Sie zu und wiederholen Sie, bitte!

Écoutez et répétez!

Hören Sie zu und sprechen Sie nach!

Garçon,	**un** café, **un** cognac, **un** journal, **une** bière, **une** limonade, **un** apéritif,	s'il vous plaît.	Herr Ober,	**einen** Kaffee, **einen** Kognak, **eine** Zeitung, **ein** Bier, **eine** Limonade, **einen** Aperitif,	bitte.

○

Continuez à parler!

Sprechen Sie weiter!

le café	– **un** café	der Kaffee	– **ein(en)** Kaffee
le cognac	– **un** cognac	der Kognak	– **ein(en)** Kognak
le journal	– **un** journal	die Zeitung	– **eine** Zeitung
la bière	– **une** bière	das Bier	– **ein** Bier
la limonade	– **une** limonade	die Limonade	– **eine** Limonade
l'apéritif	– **un** apéritif	der Aperitif	– **einen** Aperitif

ein, eine

un und **une** sind unbestimmte Artikel (ein, eine)
un steht vor männlichen und
une vor weiblichen Wörtern:
le café – **un** café
la bière – **une** bière

○

Erläuterungen

Zur Aussprache:

- l'apéritif: Im Französischen spricht man den i-Laut kurz und hell. Um ihn richtig auszusprechen, müssen Sie **die Lippen spreizen!**

- Um zu lernen, das Wörtchen [un] richtig auszusprechen, sollten Sie sich diesen Abschnitt besonders oft anhören und die Beispielsätze und Wörter nachsprechen.

- **j** wird immer wie ein weiches, summendes **sch** gesprochen: *journal.*

- Die Lautgruppe **gn** spricht man immer wie **nj**: *cognac.*

Écoutez et répétez à nouveau!

Hören Sie noch einmal zu und sprechen Sie nach!

Test

Hören Sie sich zunächst Gespräch 8 noch einmal an und konzentrieren Sie sich ganz auf die besprochenen Laute.

- Geben Sie dann auswendig mehrere Bestellungen auf.
  Der folgende deutsche Text ist eine Gedächtnisstütze.

- Anschließend übersetzen Sie schriftlich ins Französische.
  Zur Kontrolle vergleichen Sie Wort für Wort mit dem Originaltext.

Herr Ober,	einen Aperitif,	bitte.	____________________
	ein Bier,		____________________
	eine Zeitung,		____________________
	eine Limonade,		____________________
	einen Café,		____________________

- Lesen Sie diese französischen Vornamen und erinnern Sie sich dabei wieder daran, dass man im Französischen die Buchstabengruppe **au** immer wie **o** ausspricht:
  Paul Paulette Maurice Au revoir Claude ! Au revoir Claudine ! Au revoir Maurice !

- Zum Abschluss sollen Sie sich nochmals Gespräch 3 mit den vielen Vornamen anhören und mitsprechen.
  Au revoir !

Dialogue neuf

Gespräch 9

Voilà le café, Monsieur!

Hier ist der Kaffee, mein Herr!

Sie führen nun einen Dialog: Sie bestellen im Café ein Getränk und der Ober antwortet Ihnen. Da Ihnen der Wortschatz dieser Gesprächsreihe bereits bekannt ist, können Sie diesmal besonders elegant mitsprechen.

Écoutez et répétez, s'il vous plaît!

Hören Sie zu und wiederholen Sie bitte!

– Garçon,	un café, un cognac, un journal, une bière, une limonade, un apéritif,	s'il vous plaît.	▷ – Voilà	le café, le cognac, le journal, la bière, la limonade, l'apéritif,	Monsieur. Mademoiselle. Madame.

voilà = hier ist, da ist

○

Continuez à parler!

Sprechen Sie weiter!

Wenn Sie jetzt weitersprechen, beachten Sie bitte:

- Bestimmt ist Ihnen aufgefallen, dass der Franzose das Wort **café** ohne den Hauchlaut **h** spricht. Im Deutschen sagen wir meist ‚Khaffee'.
- Im Französischen werden die Laute **p**, **t**, **k** ohne diesen Hauchlaut gesprochen.

Anstelle von **voilà** könnten Sie auch **voici** sagen:

voici le café, voici le cognac, voici le journal, voici la bière, voici la limonade, voici l'apéritif

Test

1 Sprechen Sie jetzt direkt mit!

Nachdem Sie sich diese Sprechtafel mehrmals angehört und nachgesprochen haben, sollen Sie sich nun direkt ins Gespräch einschalten und eine Gesprächsrolle übernehmen.

Sie hören:	→	Garçon, un café, s'il vous plaît.
Sie antworten in der Nachsprechpause:	→	Voilà le café, Monsieur.
Sie hören die richtige Antwort:	→	Voilà le café, Monsieur.

Konzentrieren Sie sich bei der Kontrollantwort ganz auf die richtige Aussprache der einzelnen Laute!

2 Wiederholungstest!

Lesen Sie laut die folgenden Sätze. Sollte diese Leseübung nicht ganz klappen, dann hören Sie sich bitte nochmals gründlich Gespräch 5 an.

Où est la gare, s'il vous plaît?

Où est la station de métro, s'il vous plaît?

Où est l'hôtel Central, s'il vous plaît?

Où est le téléphone, s'il vous plaît?

Où est l'opéra, s'il vous plaît?

Dialogue dix

Gespräch 10

Au café

Im Café

*Gehen Sie nun mit Brigitte und Pierre in ein Café und bestellen Sie beim **garçon** einen **café noir**. Konzentrieren Sie sich wieder ganz auf die Aussprache, vor allem auf die der **Vokale**. Der Franzose spricht diese besonders klar aus.*

*Im Wort **garçon** ist ein **Nasallaut** enthalten. Sprechen Sie dieses Wort besonders häufig nach.*

Écoutez attentivement!

– Garçon, un café noir, s'il vous plaît.
– Oui, un café noir ...
– Voilà le café.

– Et un cognac.
– Voilà le cognac, Mademoiselle.
– Merci bien.

Hören Sie aufmerksam zu!

– Kellner, einen schwarzen Kaffee bitte.
– Ja, einen schwarzen Kaffee ...
– Da ist der Kaffee.

– Und einen Kognak.
– Da ist der Kognak, mein Fräulein.
– Vielen Dank.

Continuez à parler!

– Garçon, un café noir.
un café au lait.
un café décaféiné.
un café crème.
un thé.
un chocolat.

▲ Achten Sie besonders auf die Aussprache!

Sprechen Sie weiter!

– Kellner, einen schwarzen Kaffee.
einen Kaffee mit Milch.
einen koffeinfreier Kaffee.
einen Kaffee mit Sahne.
einen Tee.
eine Schokolade.

Erläuterungen

le café	der Kaffee, das Café
oui	ja
noir	schwarz
le café noir	der schwarze Kaffee
le café au lait le café avec lait	der Kaffee mit Milch

*Statt **un café noir** können Sie auch sagen: **un noir** (einen Schwarzen) und für **un café décaféiné** (koffeinfreier Kaffee) kurz: **un déca.***

Monsieur	mein Herr
Mademoiselle	mein Fräulein
Madame	Madame, Frau
le garçon	der Herr Ober, der Kellner

Achten Sie darauf, dass unter dem c von **garçon** ein Häkchen (eine so genannte *Cedille*) steht. Ein solches ç spricht man immer wie **scharfes s** (ß).

Test

Machen Sie zunächst eine Schreibübung. Achten Sie beim Abschreiben vor allem auf die Akzente, die über den Vokalen stehen.
Anschließend übersetzen Sie die französischen Ausdrücke ins Deutsche. Kontrollieren Sie Ihre Übersetzung anhand der vorhergehenden Texte.

le restaurant .... das Restaurant
où ? (wo?) .... ____________
la bière .... ____________
voilà la bière .... ____________
voilà le café .... ____________
l'hôtel .... ____________
voilà l'apéritif .... ____________
un hôtel moderne .... ____________
une cigarette .... ____________
voilà la tasse .... ____________
voilà l'hôtel Central .... ____________
s'il vous plaît .... ____________

Première cassette: fin de la face A **Kassette 1: Ende der A-Seite**

Dialogue onze

Gespräch 11

Pardon, Chopin, un journal

Leitfaden zur Aussprache (Nasale)

Allô, allô, chers amis!

Hallo, hallo, liebe Freunde!

*Bei dem Wörtchen **un** (*un café*) handelt es sich um einen so genannten **Nasallaut**. Wenn man einen gewöhnlichen Selbstlaut spricht, wird der Mund weit geöffnet, und die Luft strömt durch den Mund. Bei einem Nasallaut strömt die Luft durch die Nase.*

*In den Wörtern **parfum** oder **Verdun** haben wir denselben Laut wie in **un**. Um diesen Laut zu erlernen, sprechen Sie zuerst **öng**. Wenn Sie nun die zwei Buchstaben **ng** weglassen, bleibt der Nasallaut übrig.*

Zur Erleichterung haben wir hier Ausdrücke mit Nasallauten zusammengestellt, die Ihnen schon aus dem deutschen Sprachgebrauch bekannt sind.

*Wenn Sie jetzt mit dem Training beginnen, achten Sie darauf, dass Sie beim Nasallaut **auf keinen Fall ein ng sprechen**.*

Écoutez attentivement et répétez, s'il vous plaît!

Hören Sie aufmerksam zu und sprechen Sie mit!

Pardon, Chopin, un journal

parf**um**, parf**um**, Verd**un**, Verd**un**, **un**, **un**
un café, **un** cognac, **un** journal

○

sais**on**, m**on**t Blanc, M**on**tmartre, coup**on**,
pard**on**, pard**on**, pard**on**,
b**on**jour Monsieur, b**on**jour Madame, b**on**jour Mademoiselle
le garç**on**, le garç**on**, le garç**on**

○

français, Françoise, chanson, mont Blanc,

en France (in Frankreich), le restaurant,
l'appartement, la chance, Nancy, l'arrangement

le mannequin, le cousin, le refrain, Moulin Rouge,
le bassin, le teint, Chopin, cinq

Diese Zusammenstellung sollten Sie sich immer wieder anhören:

– C'est compris, n'est-ce pas?	– Das ist verstanden, oder?
– Oui, c'est compris!	– Ja, das ist verstanden!

Au revoir, chers amis!

Auf Wiedersehen, liebe Freunde!

Erläuterungen

comprendre verstehen, begreifen; einschließen, umfassen

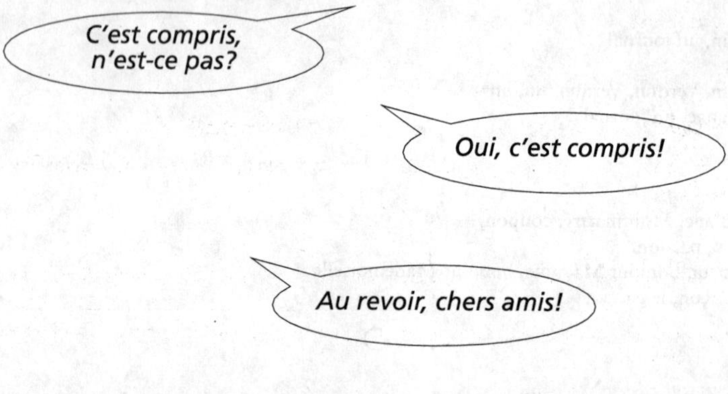

Dialogue douze

Gespräch 12

C'est combien?

Wie viel macht das?

*Wenn es um **Preisangaben** geht, müssen Sie die Grundzahlen beherrschen. Zählen Sie also mit! Beachten Sie, dass die Zahl **eins** – wie im Deutschen – eine männliche und eine weibliche Form hat: **un café – une tasse**. Die anderen Zahlen haben nur eine Form.*

Écoutez et répétez!

Hören Sie zu und wiederholen Sie!

1 UN	2 DEUX	3 TROIS	4 QUATRE	5 CINQ
6 SIX	7 SEPT	8 HUIT	9 NEUF	10 DIX

Achten Sie bei den Zahlen besonders auf die **Aussprache**:
Die Endkonsonanten der Zahlen 5, 6, 7, 8, 10 werden **scharf** ausgesprochen, wenn diese allein oder am Ende eines Satzes stehen.
Folgt aber auf die Zahlen 5, 6, 8 und 10 ein Substantiv mit Konsonant (z. B. *centimes* oder *francs suisses*), dann werden diese nicht gesprochen.

O

Écoutez attentivement!

Hören Sie aufmerksam zu!

un franc suisse – deux francs suisses – trois francs suisses – quatre ... – cinq ... – six ... – sept ... – huit ... – neuf ... – dix francs suisses

O

Encore une fois!

Noch einmal!

cinq centimes (5 Cent) – six centimes (6 Cent) – sept centimes (7 Cent) – huit centimes (8 Cent) – dix centimes (10 Cent)

O

Folgt auf diese Zahlen ein Substantiv mit Vokal, z. B. **euro**, dann werden die Endkonsonanten gesprochen:

un euro – deux euros – trois euros – quatre euros – **cinq euros** – **six euros** – **sept euros** – **huit euros** – neuf euros – **dix euros**

Encore une fois!

Noch einmal!

cinq euros – six euros – sept euros – huit euros – neuf euros – dix euros

○

Continuez à parler!

Sprechen Sie weiter!

Sie fragen nach dem Preis und der Verkäufer antwortet:

C'est combien?			Das macht (ist) wie viel?		
▷ C'est	**deux**	**euros.**	▷ Das macht	zwei	Euro.
	trois			drei	
	quatre			vier	
	cinq			fünf	
	six			sechs	
	sept			sieben	
	huit			acht	
	neuf			neun	
	dix			zehn	

△

Um die **Mehrzahl** zu bilden, hängt man an die französischen Wörter fast immer ein -s an:
le centime – les centimes, l'euro – les euros
Da dieses s nicht ausgesprochen wird, klingt die Mehrzahl genau so wie die Einzahl. Beim Sprechen können Sie also keine Fehler machen. *Très simple*! (Sehr einfach!)

C'est combien …? =
Wie viel kostet …?
Wie viel kosten …?

○

Sie fragen nun nach dem Preis von verschiedenen Dingen:

C'est combien	la cravate?	**Wie viel kostet**	die Krawatte?
	la blouse?		die Bluse (der Kittel)?
	l'anorak?		der Anorak?
	le négligé?		der Morgenrock?
	la casquette?		die Mütze?
	le chapeau?		der Hut?
C'est combien	les cigarettes?	**Wie viel kosten**	die Zigaretten?
	les roses?		die Rosen?
	les cravates?		die Krawatten?

○

Erläuterungen

So einfach bildet man die Mehrzahl: Aus **le, l'** oder **la** wird **les**.

le	billet		les	billet	s
la	cigarette		les	cigarette	s
le	cigare		les	cigare	s
la	carte	(Karte)	les	carte	s
la	clé	(Schlüssel)	les	clé	s
la	table	(Tisch)	les	table	s
la	chaise	(Stuhl)	les	chaise	s
l'	assiette	(Teller)	les	assiette	s
l'	hôtel		les	hôtel	s
le – la – l'			les		-s

Der Plural des bestimmten Artikels lautet immer **les**. Das s wird nur gesprochen vor Wörtern, die mit Vokal oder stummem **h** beginnen: **les‿assiettes, les‿hôtels.**

Test

1 Schreiben Sie weiter!
un euro, deux euros .... dix euros

2 Setzen Sie die folgenden Wörter in die Mehrzahl:
la carte ...., le billet ...., l'hôtel ...., l'euro ....
Korrigieren Sie durch genauen Vergleich mit den oben stehenden Wörtern.

3 Tragen Sie nun bitte den französischen Teil in folgende Sprechtafel ein. Vergleichen Sie dann mit der Originaltafel.

....	**Wie viel kostet**	die Krawatte?
....		die Bluse (der Kittel)?
....		der Anorak?
....		der Morgenrock?
....		die Mütze?
....		der Hut?
....	**Wie viel kosten**	die Zigaretten?
....		die Rosen?
....		die Krawatten?

Dialogue treize

Gespräch 13

Sans blague?

Wirklich?

Damit Sie sofort mitreden können, bringen wir hier noch weitere nützliche Ausdrücke, die Sie sich gut einprägen sollten.
Hören Sie also wieder aufmerksam zu und sprechen Sie beim zweiten Durchgang auch mit.

Écoutez attentivement!	**Hören Sie aufmerksam zu!**
Qu'y a-t-il?	Was ist los?
Pourquoi?	Warum?
Pourquoi pas?	Warum nicht?
Tiens! Tiens!	Schau! Schau! Na so was!
Je suis ravi(e)!	Ich bin entzückt!
C'est très aimable à vous.	Das ist sehr nett von Ihnen.
Forcément!	Na klar! Selbstverständlich!
Sans blague?	Wirklich? Scherz beiseite.
Oh! Chic alors!	Fein! Fabelhaft!
Eh bien ...	Na schön ...
Ah, par exemple!	Na, schau sich das mal einer an!
– Je vous présente Michel.	– Ich stelle Ihnen Michael vor.
– Enchanté(e).	– Erfreut. Angenehm.
Mon Dieu!	Oh du meine Güte!
Excusez-moi ...	Entschuldigen Sie mich ...
Je suis désolé(e), Madame.	Es tut mir Leid, meine Dame.
Je suis vraiment désolé(é) ...	Es tut mir wirklich Leid ...

– Je vous dérange? – Pas du tout!	– Störe ich Sie? – Überhaupt nicht!
Il me faut … Il me faut aussi …	Ich brauche … Ich brauche auch …

– Service compris? – Oui, service compris.	– Mit Bedienung? – Ja, mit Bedienung.

– Donnez-moi …, s'il vous plaît!	– Geben Sie mir …, bitte!
– Voici … Voilà …	– Hier ist … Da ist …

D'accord!	In Ordnung! Einverstanden.
Bon! Très bien!	Gut! Sehr gut!
– Qu'est-ce que c'est? – C'est …	– Was ist das? – Das ist …

Encore une fois! — **Noch einmal!**

Écoutez bien et répétez, s'il vous plaît! — **Hören Sie gut zu und wiederholen Sie, bitte!**

Dialogue quatorze

Gespräch 14

Je suis à Paris

Ich bin in Paris

Jetzt geht es um das wichtige Wort sein, *also um* ich bin, du bist *usw.*
Bekannt ist Ihnen ja schon **je suis** *(ich bin) und der häufige Ausdruck c'est (das ist). Außerdem lernen Sie bekannte französische Städte kennen.*

Hören Sie wieder aufmerksam zu und sprechen Sie nach!

Écoutez et répétez!

je	suis	à Paris
tu	es	à Lyon
il }	est	à Marseille
elle }	est	à Toulouse
nous	sommes	à Cannes
vous	êtes	à Nice
ils }	sont	à Lille
elles }	sont	à Calais

Hören Sie zu und wiederholen Sie!

ich	bin	in Paris
du	bist	in Lyon
er }	ist	in Marseille
sie }	ist	in Toulouse
wir	sind	in Cannes
ihr	seid, Sie sind	in Nizza
sie }	sind	in Lille
sie }	sind	in Calais

Ihnen ist sicher aufgefallen, dass beim schnellen Sprechen der Schlusskonsonant (hier: s oder t) an den folgenden Vokal (z. B. à) angebunden werden kann: Je suis‿à Paris. Il est‿à Marseille.
Nous sommes‿à Cannes. Vous‿êtes‿à Nice. Ils sont‿à Calais.

○

Encore und fois!

Noch einmal!

je suis tu es il est
nous sommes vous êtes
ils sont

vous êtes → ihr seid
vous êtes → Sie sind

○

Continuez à parler!

Sprechen Sie weiter!

Erläuterungen

Jetzt geht es um das Wörtchen *sie*.
Es wird einmal übersetzt mit **elle**, einmal mit **ils** oder **elles**.

Brigitte Elle	est à Toulouse. est à Toulouse.	◁	Handelt es sich um ein Mädchen, dann sagt man **elle**.
Pierre et Paul Ils	sont à Lille. sont à Lille.	◁	Handelt es sich um mehrere Jungen, dann sagt man **ils**.
Brigitte et Françoise Elles	sont à Calais. sont à Calais.	◁	Handelt es sich um mehrere Mädchen, dann sagt man **elles**.
Brigitte, Paul, Françoise et Pierre Ils	sont à Paris. sont à Paris.	◁	Bei männlichen und weiblichen Personen sagt man **ils**.

Jetzt geht es um die Satzstellung.
Wie im Deutschen kann man im Französischen eine Zeitangabe an den Anfang oder an den Schluss stellen.

Je suis à la gare [à une heure].
[À une heure] **je suis** à la gare.

Nous sommes au restaurant à deux heures.
À deux heures **nous sommes** au restaurant.

Regelmäßige Satzstellung bleibt erhalten.

Ich bin am Bahnhof [um ein Uhr].
[Um ein Uhr] **bin ich** am Bahnhof.

Wir sind im Restaurant um zwei Uhr.
Um zwei Uhr **sind wir** im Restaurant.

Wortfolge wird umgestellt,
wenn Satz mit Zeitangabe beginnt.

Merken Sie sich dieses Schema:

	Je suis à la gare	à une heure.
À une heure	je suis à la gare.	

Dialogue quinze

Gespräch 15

J'ai une belle voiture

Ich habe ein schönes Auto

Die Überschrift zeigt Ihnen schon, worum es in diesem Gespräch geht, nämlich um das wichtige Verb **avoir** *(haben):* ich habe, du hast *usw.* **(j'ai, tu as …)**

Écoutez attentivement!

Hören Sie aufmerksam zu!

j'	**ai**	une belle voiture	ich	habe	ein schönes Auto
tu	**as**		du	hast	
il / elle	**a**		er / sie	hat	
nous	**avons**		wir	haben	
vous	**avez**		ihr	habt, Sie haben	
ils / elles	**ont**		sie / sie	haben	

Ihnen ist sicher wieder die Bindung aufgefallen. Achten Sie vor allem auf das stimmhafte s: nous‿avons, ils‿ont, elles‿ont.

j'ai:
Damit nicht zwei Vokale zusammenkommen, sagt man anstelle von **je** nur **j'**: **j'ai.**

○

Continuez à parler!

Sprechen Sie weiter!

Frageform

Achten Sie auf den **Bindestrich** bei der Frageform:

– Es-tu	à Paris?	Bist du …? ▷	– Oui, je suis à Paris.	Ja, ich bin …
– Est-il	à Paris?	Ist er …?	– Oui, il est à Paris.	er ist …
– Avez-vous	une belle voiture?	Haben Sie …?	– Oui, j'ai une belle voiture.	ich habe …
– A-t-il	une belle voiture?	Hat er …?	– Oui, il a une belle voiture.	er hat …
– A-t-elle	une belle voiture?	Hat sie …?	– Oui, elle a une belle voiture.	sie hat …

△
Man schiebt bei der Frageform mit **il** und **elle** ein **t** ein (des Wohlklangs wegen).

○

Erläuterungen

Hier eine Zusammenstellung zur **Frageform** von **être** (sein) und **avoir** (haben):

tu es ▷	**es-tu?**	du bist ▷	**bist du?**
il est	**est-il?**	er ist	**ist er?**
elle est	**est-elle?**	sie ist	**ist sie?**
tu as	**as-tu?**	du hast	**hast du?**
il a	**a-t-il?**	er hat	**hat er?**
elle a	**a-t-elle?**	sie hat	**hat sie?**
vous avez	**avez-vous?**	ihr habt	**habt ihr?**

Beachten Sie:
Da **avez-vous**? die Bedeutung von **haben Sie**? oder **habt ihr**? hat, kann die Antwort lauten:
oui, **j'ai** ... oder: oui, **nous avons** ...

vous avez → **ihr habt** / → **Sie haben**

Verneinung

Um die **Verneinung** zu bilden, nimmt man im Französischen die beiden Wörtchen **ne ... pas:**

Je **ne** suis **pas** à Paris.	Ich bin **nicht** in Paris.
Il **n'**est **pas** à Nice.	Er ist **nicht** in Nizza.
Nous **ne** sommes **pas** à Toulon.	Wir sind **nicht** in Toulon.

Test

Beantworten Sie nun die folgenden Fragen mit ‚Ja' bzw. ‚Nein'.

1 Es-tu à Paris ?	Oui, ...
2 Est-il à Toulouse ?	Non, ...
3 Avez-vous une belle voiture ?	Oui, ...
4 A-t-elle une belle voiture ?	Oui, ...
5 As-tu dix euros ?	Non, ...
6 Es-tu à la gare à une heure ?	Oui, ...

Die Lösung finden Sie im Lösungsteil im Anhang.

Dialogue seize

Gespräch 16

C'est le téléviseur de Pierre

Das ist Pierres Fernseher

*Sprechen Sie nun wieder mit und lernen Sie, **wie man die Substantive dekliniert.***
*Sie werden gleich bemerken, wie einfach dies ist, denn das Substantiv wird nicht verändert. Außerdem lernen Sie die Possessivbegleiter (besitzanzeigende Begleitwörter) kennen: **mon/ma** (mein-e) usw.*

Écoutez attentivement!

Hören Sie aufmerksam zu!

Qu'est-ce que c'est?

Was ist das?

C'est	la voiture	de Pierre?	▷	Oui, c'est	sa voiture.
	le portable	de Brigitte?			son portable.
	la caméra	de ton père?			sa caméra.
	le téléviseur	de ta mère?			son téléviseur.

Ist das	der Wagen	von Peter?	Ja, das ist	sein (ihr)	Wagen.
	das Handy	von Brigitte?		ihr	Handy.
	die Kamera	deines Vaters?		seine	Kamera.
	der Fernseher	deiner Mutter?		ihr	Fernseher.

○

Auf einen Blick

Deklination (Beugung) der Substantive

Einzahl

1. Fall		Pierre		la voiture		l'hôtel	le	père
2. Fall	de	Pierre	de	la voiture	de	l'hôtel	du	père
3. Fall	à	Pierre	à	la voiture	à	l'hôtel	au	père
4. Fall		Pierre		la voiture		l'hôtel	le	père

Mehrzahl

1. Fall	les	enfants
2. Fall	des	enfants
3. Fall	aux	enfants
4. Fall	les	enfants

○

Beachten Sie besonders:

- Das Substantiv (Hauptwort) bleibt immer **unverändert**.
- 1. Fall und 4. Fall sind **gleich**.
- Der 2. Fall (Genitiv) wird durch **de**,
- der 3. Fall (Dativ) durch **à** ausgedrückt.

Dabei ergeben sich vier Zusammenziehungen, auf die Sie besonders achten müssen:

de + le	→	du (du père)
de + les	→	des (des enfants)
à + le	→	au (au père)
à + les	→	aux (aux enfants)

À bientôt, chers amis!

Bis bald, liebe Freunde!

Test

Ergänzen Sie: **de, des, de la** oder **de l'**

Qu'est-ce que c'est?

C'est la caméra .... Pierre. (von Pierre)
C'est la clé .... hôtel. (des Hotels)
C'est le portable .... mère. (der Mutter)
C'est la chambre .... enfants. (der Kinder)
C'est le téléviseur .... père. (ihres Vaters)

Zur Kontrolle vergleichen Sie mit dem vorhergehenden Text.

Première cassette: fin de la face B

Kassette 1: Ende der B-Seite

Dialogue dix-sept

Gespräch 17

Le petit café du coin

Das kleine Café an der Ecke

Es gibt in Frankreich – vor allem auch in Paris – noch viele kleine, gemütliche Cafés, in denen der patron *noch selbst bedient und seine Gäste meist Bekannte aus dem Viertel, dem* quartier, *sind.*
Ein solches Café besuchen nun Pierre und Brigitte.

Hören Sie bitte wieder aufmerksam zu und sprechen Sie auch mit.

Écoutez attentivement!

Trois tables et quelques chaises – c'est
un petit café du coin.
Dans le café nous voyons
Pierre et Brigitte.
Pierre est un jeune homme et
Brigitte une jeune fille.
le jeune homme – la jeune fille
Pierre est un Parisien,
Brigitte une Parisienne.

Hören Sie aufmerksam zu!

Drei Tische und einige Stühle – das ist
ein kleines Café an der Ecke.
Im Café sehen wir
Pierre und Brigitte.
Pierre ist ein junger Mann und
Brigitte ein junges Mädchen.
der junge Mann – das junge Mädchen
Pierre ist ein Pariser,
Brigitte eine Pariserin.

Continuez à parler!

une petite table, deux tables, trois tables,
une chaise, quelques chaises,
une tasse, deux tasses, trois tasses,
le jeune homme, la jeune fille,
un jeune homme, une jeune fille,
un petit café et Paris

Sprechen Sie weiter!

ein kleiner Tisch, zwei Tische, drei Tische,
ein Stuhl, einige Stühle,
eine Tasse, zwei Tassen, drei Tassen,
der junge Mann, das junge Mädchen,
ein junger Mann, ein junges Mädchen,
ein kleines Café und Paris

Erläuterungen

la chaise quelques chaises	der Stuhl einige Stühle
voir nous voyons	sehen wir sehen
un homme un jeune homme	ein Mensch, ein Mann ein junger Mann
une fille une jeune fille	ein Mädchen ein junges Mädchen
un Parisien une Parisienne	ein Pariser (Einwohner von Paris) eine Pariserin

Test

Ergänzen Sie die Lücken im Text.
Zur Kontrolle vergleichen Sie Ihre Ergänzungen mit dem vorangegangenen Text.

Dans le café nous voyons
Pierre et Brigitte.
Pierre est ...
et Brigitte ...
le jeune homme – la jeune fille
Pierre est un ...
Brigitte une ...

Versuchen Sie nun bitte diesen kurzen Text zu lesen. Sie wissen: Brigitte und Pierre sind geduldige Lehrer. Sie lesen Ihnen den Text immer wieder vor, falls die Leseübung nicht gleich klappen sollte.

Trois tables et quelques chaises – c'est un petit café du coin.
Dans le café nous voyons Pierre et Brigitte.
Pierre est un jeune homme et Brigitte une jeune fille.
le jeune homme – la jeune fille
Pierre est un Parisien,
Brigitte une Parisienne.

Dialogue dix-huit

Garçon, un Pernod, s'il vous plaît!

Gespräch 18

Herr Ober, bitte einen Pernod!

*Bestellen Sie nun Ihr Lieblingsgetränk: **une tasse de café, une tasse de thé ...***
Hören Sie wieder aufmerksam zu und sprechen Sie nach.

Écoutez bien!	Hören Sie gut zu!
– Garçon, un Pernod, s'il vous plaît.	– Herr Ober, einen Pernod bitte.
– Voici le Pernod, Monsieur.	– Hier ist der Pernod, mein Herr.
le garçon – un garçon	der Ober – ein Ober
– Garçon!	– Ober!
– Mademoiselle?	– Mein Fräulein?
– Une tasse de café, s'il vous plaît.	– Eine Tasse Kaffee, bitte.
– Voici le café, Mademoiselle.	– Hier ist der Kaffee, mein Fräulein.
– Une tasse de thé, s'il vous plaît.	– Eine Tasse Tee bitte.
– Voici le thé, Mademoiselle.	– Hier ist der Tee, mein Fräulein.
– Une tasse de chocolat, s'il vous plaît.	– Eine Tasse Schokolade bitte.
– Voici le chocolat.	– Hier ist die Schokolade.
la tasse – une tasse	die Tasse – eine Tasse
– Garçon, un demi, s'il vous plaît.	– Herr Ober, (eine Halbe) ein Glas Bier bitte.
– Voici le demi.	– Hier ist das Glas Bier.
le demi – un demi	die ›Halbe‹ – eine ›Halbe‹

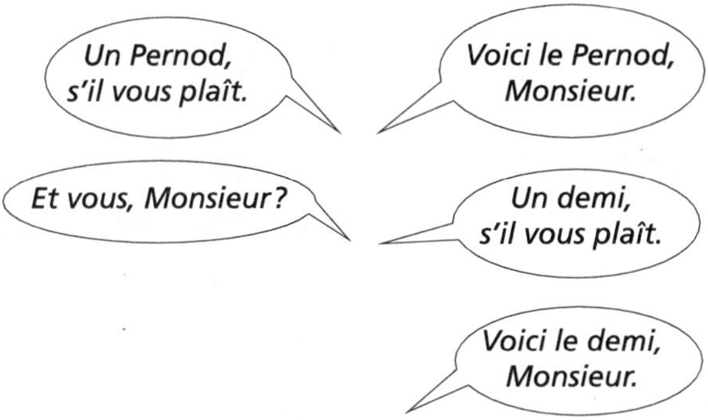

Erläuterungen

Sie haben es bestimmt bemerkt, dass der Franzose nicht eine Tasse Kaffee usw. sagt, sondern: ‚eine Tasse **von** Kaffee', oder ‚eine Tasse **von** Tee' usw.

une tasse **de** café, une tasse **de** thé, une tasse **de** chocolat

Test

Machen Sie jetzt aktiv mit und übernehmen Sie eine Sprechrolle, am besten die des Kellners.
Sie hören sich die Bestellung an und in der Nachsprechpause geben Sie die Antwort des Kellners!
Sollte der Dialog noch nicht klappen, dann sollten Sie das Gespräch noch mehrmals wiederholen.

Au revoir et bonne chance! **Auf Wiedersehen und viel Glück!**

Dialogue dix-neuf

Café, thé, limonade, chocolat ...

Gespräch 19

Leitfaden zur Aussprache (Vokale, Konsonanten)

Anhand bekannter französischer Vornamen (Gespräch 3) haben wir Ihnen gezeigt, dass das Französische keine phonetische Sprache ist und viele Laute anders geschrieben als ausgesprochen werden. So schreibt man z. B. ***chocolat*** *und spricht [schokola]. Oder man schreibt* ***Paris*** *und spricht [pari].*

Einen Leitfaden zur Aussprache der Nasallaute hatten wir bereits beim Gespräch 11. Damit Sie in Zukunft die meisten französischen Wörter richtig aussprechen können, geben wir Ihnen hier noch einen ***Leitfaden zur Aussprache von Vokalen und Konsonanten.*** *Die Musterwörter sind Ihnen wieder aus dem deutschen Sprachgebrauch bekannt.*

Anhand dieser Zusammenstellung lernen Sie ***auf schnelle und einfache Weise die richtige Aussprache.*** *Nehmen Sie sich täglich zwei oder drei Laute vor und versuchen Sie, sich diese einzuprägen. Wiederholen Sie diese kleine phonetische Einführung mehrmals, natürlich auch die der Nasale im Gespräch 11.*

Hören Sie jetzt besonders aufmerksam zu. Bei Wiederholungsdurchgängen beginnen Sie mit dem Nachsprechen.

Allez-y, chers amis!
Écoutez bien et répétez!

Dann also los, liebe Freunde!
Hören Sie gut zu
und wiederholen Sie!

Vokale

Taxi! ... Taxi!	helles a wie in ‚Lack‘
Madame? Place Pigalle	e am Ende ist stumm

Und nun die verschiedenen e-Laute, die es im Französischen gibt: **e, é, è** und **ê**.

é è ê

le café, le thé, le métro; ma chérie, **le** téléphone, le télégramme, la télévision	é spricht man wie helles und kurzes e

aber: Molière, la bière, la fête (*das Fest*)	è und ê spricht man wie ä

Und e (*ohne Akzent*) ist am Wortende und oft auch im Wortinneren zwischen zwei Silben stumm. In **le** klingt es wie ein zart hingehauchtes ö.

le **tou**riste, la blouse, Toulouse	**ou** klingt wie u
une limonade, la **lune** (*der Mond*), **tu** as (*du hast*), j'ai **lu** (*ich habe gelesen*)	**u** spricht man wie ü
j'**ai** (*ich habe*), mais (*aber*), français, la Seine, la tour Eiffel	**ai** und **ei** spricht man teils wie kurzes, teils wie langes ä
Maurice, l'**auto**, Monique, Place Vendôme	**au, eau,** o und ô klingen wie kurzes oder langes o **Ô**
Françoise, au revoir, trois, le coiffeur	**oi** spricht man wie oa

Konsonanten

merci, la cigarette, c'est, le centre (*das Zentrum*), cent, merci, la cigarette, le citron (*die Zitrone*)	c spricht man vor e und i wie ß,
le café, le cabaret, la confiture, la cravate, le croissant	sonst wie k
Parlez-vous français, Françoise?	ç mit einem Häkchen (*Cedille*) spricht man immer wie scharfes ß
c'est chic, c'est charmant, le chef, le chocolat Christian, Christine	**ch** spricht man vor Vokalen meist wie sch, aber vor Konsonanten wie k
Gérard (*Gerhard*), Ginette, le garage	g spricht man vor e und i sowie zwischen zwei Vokalen wie sch,
golf, grand (*groß*)	sonst wie g
le cognac	**gn** spricht man wie nj
le journal	j spricht man immer wie weiches sch
quatre, cinq	**qu** und **q** spricht man wie k
la salade, la rose, Paris	s spricht man wie ß am Wortanfang und stimmhaft zwischen zwei Selbstlauten; stumm ist es am Wortende

Bon courage et au revoir!

Nur Mut und auf Wiedersehen!

Erläuterungen

Beachten Sie besonders: Nach **harten** Lauten wie **p, t, k** spricht man im Französischen **keinen Hauchlaut.**

Noch etwas: Der Franzose kann den h-Laut nicht aussprechen. Wenn er Deutsch spricht, dann sagt er: das ‚aus', der ‚err' usw. anstelle von ‚Haus' bzw. ‚Herr'.

Test

1 Testen Sie nun Ihre Aussprache!

Gehen Sie dazu zu Lektion 3 zurück und versuchen Sie, die Zusammenstellung der Vornamen ohne Zuhilfenahme des Tonträgers zu lesen.

Zur Kontrolle hören Sie sich die Vornamen noch einmal an und vergleichen Ihre Aussprache mit der von Pierre und Brigitte.

2 Suchen Sie die französischen Wörter für drei Getränke, die in dieser Wörterbox versteckt sind.

L	A	E	T	A	S
E	C	H	H	R	T
C	A	F	É	T	E
A	F	B	I	E	A
R	O	U	B	I	D
A	B	I	È	R	E

Die Lösung finden Sie im Lösungsteil im Anhang.

Dialogue vingt

Gespräch 20

Les passeports, s'il vous plaît!

Bitte die Pässe!

Bei der Ankunft am Flughafen halten Sie auf alle Fälle Ihre Papiere bereit: **le passeport** *oder* **la carte d'identité** *(Personalausweis). Sollten Sie Waren von außerhalb der EU bei sich haben, dann gilt auch für EU-Bürger der Satz:*

Avez-vous quelque chose à déclarer? Haben Sie etwas zu verzollen?

Sprachlich beschäftigen wir uns mit den Wörtchen **mon/ma** *(mein, -e) und* **votre** *(euer, eure/Ihr, -e). Dabei wiederholen wir den Nasallaut* **on***, den wir ja schon von* **pardon** *oder* **Montmartre** *kennen.*

Écoutez attentivement, s'il vous plaît!

– Messieurs ... Dames,
les passeports, s'il vous plaît ...
Merci.
Avez-vous quelque chose à déclarer?
– Non, rien.

Vielleicht sagt der Zollbeamte auch:
– Ouvrez cette valise, s'il vous plaît.

Hören Sie bitte aufmerksam zu!

– Meine Herrschaften,
die Pässe bitte ...
Danke.
Haben Sie etwas zu verzollen?
– Nein, nichts.

– Öffnen Sie bitte diesen Koffer.

Encore une fois!

Noch einmal!

○

Continuez à parler!

Sprechen Sie weiter!

Hören Sie wieder konzentriert zu und sprechen Sie auch mit.

– C'est [votre passeport], Monsieur?
– Oui, c'est [mon passeport].

– Das ist [Ihr Pass], mein Herr?
– Ja, das ist [mein Pass].

○

– C'est **votre** billet, Monsieur?
– Oui, c'est **mon** billet.

– Das ist **Ihre** Fahrkarte, mein Herr?
– Ja, das ist meine Fahrkarte.

– C'est **votre** chapeau, Mademoiselle?
– Oui, c'est **mon** chapeau.

– Das ist **Ihr** Hut, mein Fräulein?
– Ja, das ist **mein** Hut.

– C'est **votre** parapluie, Mademoiselle?
– Oui, c'est **mon** parapluie.

– Das ist **Ihr** Schirm, mein Fräulein?
– Ja, das ist **mein** Schirm.

– C'est **votre** valise, Mademoiselle?
– Oui, c'est **ma** valise.

– Das ist **Ihr** Koffer, mein Fräulein?
– Ja, das ist **mein** Koffer.

– C'est **votre** fourrure, Madame?
– Oui, c'est **ma** fourrure.

– Das ist **Ihr** Pelz, Madame?
– Ja, das ist **mein** Pelz.

Erläuterungen

c'est	das ist
mon passeport	**mein** Pass
votre passeport	**euer, Ihr** Pass
mon billet	**meine** Fahrkarte
votre billet	**eure, Ihre** Fahrkarte
oui	ja

le chapeau	**der** Hut
le parapluie	**der** Regenschirm
mon parapluie	**mein** Regenschirm
votre parapluie	**euer, Ihr** Regenschirm
la valise	**der** Koffer
ma valise	**mein** Koffer
votre valise	**euer, Ihr** Koffer
la fourrure	**der** Pelz
ma fourrure	**mein** Pelz
votre fourrure	**euer, Ihr** Pelz

Zur Aussprache

- Genauso wie im Deutschen gibt es im Französischen einen offenen und einen geschlossenen **o**-Laut. Den offenen **o**-Laut (wie in ‚Orgel') haben wir hier in **passeport**. Den geschlossenen **o**-Laut (wie in ‚Sohn') hatten wir in dem Wort **hôtel**.
- Die Buchstabenfolge **eau** (chapeau) spricht man einfach wie **o** in ‚Sohn'.
- Achten Sie auf das helle, klare und kurze französische **a** in **ma**.
- **Oui**: Sprechen Sie erst ein flüchtiges **u** (Lippen runden!) und lassen Sie darauf ein kurzes, kräftiges **i** folgen.

votre → euer(e)
votre → Ihr(e)

Dialogue vingt et un / Gespräch 21

Voilà votre passeport! / Da ist Ihr Pass!

Hier geht es wieder um mein (-e), dein (-e), sein (-e) *usw., also um die Possessivbegleiter (besitzanzeigende Begleitwörter).*

Écoutez et répétez, s'il vous plaît! / Hören Sie zu und wiederholen Sie, bitte!

– Où est	**mon**	passeport?	▷	– Voilà	**votre**	passeport.
	mon	billet?			votre	billet.
	mon	chapeau?			votre	chapeau.
	mon	pardessus?			votre	pardessus.
	mon	parapluie?			votre	parapluie.
	ma	valise?			votre	valise.
	ma	cape?			votre	cape.
	ma	fourrure?			votre	fourrure.
	△				△	

○

Mein, meine heißt vor männlichen Substantiven **mon** und vor weiblichen **ma**:
le passeport – **mon** passeport
la valise – **ma** valise

Euer/Eure oder **Ihr/Ihre** heißt immer **votre**:
votre passeport = **euer** Pass, **Ihr** Pass
votre valise = **euer** Koffer, **Ihr** Koffer

Zur Aussprache

- Um den **oi-Laut** in **voilà** richtig französisch zu sprechen, müssen Sie zuerst ein flüchtiges o und daran anschließend ein voll klingendes, kräftiges a sprechen.
- Um den Selbstlaut **i** (billet, valise) richtig zu sprechen, müssen Sie die Lippen spreizen!
- Achten Sie besonders auf den **ui-Laut** in **parapluie**: Auf ein flüchtig gesprochenes **ü** folgt ein kurzes, kräftiges **i**.
- Beachten Sie auch besonders die **Aussprache des s-Lauts**: Man spricht es stimmhaft (summend), wenn es zwischen zwei Selbstlauten steht wie in **valise**, sonst immer wie stimmloses ß, vor allem am Wortanfang (**sur** = auf, über, an).

○

Continuez à parler! / Sprechen Sie weiter!

Pierre und Brigitte sprechen Ihnen zum Trainieren der Possessivbegleiter noch weitere Beispiele vor.

[le] passeport	– [mon] passeport	[der] Pass	– [mein] Pass
le billet	– mon billet	die Fahrkarte	– meine Fahrkarte
le chapeau	– mon chapeau	der Hut	– mein Hut
le pardessus	– mon pardessus	der Mantel	– mein Mantel
le parapluie	– mon parapluie	der Regenschirm	– mein Regenschirm
[la] valise	– [ma] valise	[der] Koffer	– [mein] Koffer
la cape	– ma cape	das Cape, der Umhang	– mein Cape (Umhang)
la fourrure	– ma fourrure	der Pelz	– mein Pelz

○

Erläuterungen

Die Possessivbegleiter

Einzahl			
Vor männlichen Substantiven:	**mon**	passeport	
	ton	billet	
	son		
	notre		**mein(e)**
	votre		**dein(e)**
	leur		**sein(e), ihr(e)**
			unser(e)
Vor weiblichen Substantiven:	**ma**	valise	**euer(e), Ihr(e)**
	ta	fourrure	**leur**
	sa		**ihr(e)**
	notre		
	votre		
	leur		

○

Besonders achten müssen Sie auf **son** und **sa.**
Beide Possessivbegleiter heißen **sein** und **ihr. Son** steht vor einem männlichen Hauptwort, **sa** vor einem weiblichen:

le passeport: son passeport → **sein** Pass (*z. B. der Pass von Pierre*)
→ **ihr** Pass (*z. B. der Pass von Brigitte*)

la valise: sa valise → **sein** Koffer (*z. B. der Koffer von Pierre*)
→ **ihr** Koffer (*z. B. der Koffer von Brigitte*)

Das Wort **ihr** kann sich auf eine weibliche Person oder auf mehrere beziehen:
Bezieht es sich auf eine weibliche Person, dann heißt ‚ihr' **sa** oder **son** (*sa maison* = ihr oder sein Haus *son passeport* = ihr oder sein Pass).
Bezieht es sich auf mehrere Personen, dann heißt ‚ihr' **leur:** *leur maison* (ihr Haus).
Die Possessivbegleiter vor Pluralwörtern

mes papiers	meine Papiere	nos enfants	unsere Kinder
tes enfants	deine Kinder	vos enfants	eure/Ihre Kinder
ses maisons	seine/ihre Häuser	leurs enfants	ihre Kinder

Vor Wörtern, die mit einem Vokal beginnen, heißt *mein (-e), dein (-e), sein (-e)* immer **mon, ton, son:**
mon ami mein Freund
mon amie meine Freundin

Bonne chance! **Viel Glück!**

Dialogue vingt-deux — Gespräch 22

Où est ma carte d'identité? — Wo ist mein Ausweis?

Wir trainieren nun weiter mit den Possessivbegleiter und sprechen von Präpositionen (Verhältniswörtern) wie **auf, unter, im.**
Hören Sie beim folgenden Dialog wieder gut zu und sprechen Sie auch fleißig mit.

Écoutez bien et répétez! — Hören Sie zu und wiederholen Sie!

Où est	mon passeport?	▷ Il est dans ton sac.	Wo ist	mein Pass?	▷ Er ist in deiner Tasche.
	ma valise?	Ici **sur** la table.		mein Koffer?	Hier **auf** dem Tisch.
	mon sac à main?	**Dans** la chambre à coucher.		meine Handtasche?	**Im** Schlafzimmer.
	mon permis de conduire?	**Dans** ton portefeuille.		mein Führerschein?	**In** deiner Brieftasche.
	mon portefeuille?	Il est **sur** le buffet.		meine Brieftasche?	Sie ist **auf** dem Büfett.
	mon porte-monnaie?	**Sous** le coussin.		meine Geldbörse?	**Unter** dem Kissen.

○

Hier sind noch **weitere Antworten**, die Sie auf die Fragen geben könnten:

sur la table, sur le buffet, sur la chaise, sur le lit, sur le coussin

auf dem Tisch, auf dem Büfett, auf dem Stuhl, auf dem Bett, auf dem Kissen

○

sous la table, sous le buffet, sous la chaise, sous le lit, sous le coussin

unter dem Tisch, unter dem Büfett, unter dem Stuhl, unter dem Bett, unter dem Kissen

○

dans la chambre, dans le buffet, dans ton portefeuille, dans ton porte-monnaie, dans ton sac à main

im Zimmer, im Büfett, in deiner Brieftasche, in deiner Geldbörse, in deiner Handtasche

○

Continuez à parler!

la table – **sur la** table
le buffet – **sur le** buffet
la chaise – **sur la** chaise
le lit – **sur le** lit
le coussin – **sur le** coussin

Sprechen Sie weiter!

der Tisch – **auf dem** Tisch
das Büfett – **auf dem** Büfett
der Stuhl – **auf dem** Stuhl
das Bett – **auf dem** Bett
das Kissen – **auf dem** Kissen

Wie Sie sehen, wird der bestimmte Artikel im Deutschen verändert, im Französischen aber nicht.

À bientôt, chers amis!

Bis bald, liebe Freunde!

Test

1 Sprechen Sie jetzt direkt mit Brigitte und beantworten Sie Ihre Fragen. Sollten Sie mit dem selbstständigen Sprechen noch Probleme haben, dann wiederholen Sie nochmal Gespräch 22.

2 Ergänzen Sie den richtigen Possessivbegleiter.

C'est ...... valise (mein); ...... sac à main (deine);
...... portefeuille (meine); ...... porte-monnaie (seine);
...... porte-monnaie (deine); ...... ami (mein); ...... amie (meine)
...... valise (sein); ...... maison (ihr, das der Kinder)

Zur Kontrolle vergleichen Sie mit den vorhergehenden Texten.

Dialogue vingt-trois

Gespräch 23

Taxi! Taxi!

Taxi! Taxi!

Sie wollen zu verschiedenen Punkten in Paris und bestellen ein Taxi.
Hören Sie bitte wieder aufmerksam zu und sprechen Sie nach.

Écoutez attentivement!

– Hôtel de Paris, | s'il vous plaît.
Restaurant Montmartre,
Place Pigalle,
Comédie-Française,
Musée du Louvre,

C'est combien?
– C'est treize euros et vingt centimes.
– Voici.
Le reste est pour vous.
– Merci.
– Et donnez-moi une fiche, s'il vous plaît.

– Voilà, Mademoiselle.

Hören Sie aufmerksam zu!

– Hôtel de Paris, | bitte.
Restaurant Montmartre,
Place Pigalle,
Comédie Française,
Louvre-Museum,

Das macht wie viel?
– Das macht dreizehn Euro und zwanzig Cent.
– Hier.
Der Rest ist für Sie.
– Danke.
– Und geben Sie mir bitte eine Quittung (Rechnung).
– Hier, mein Fräulein.

Encore und fois!

Noch einmal!

Beachten Sie diese Schilder:

LIBRE FREI

TAXIS TÊTE DE STATION

STATIONNEMENT POUR TAXIS

Taxistand

DÉFENSE DE STATIONNER

Parken verboten

Continuez à parler!

Sprechen Sie weiter!

Sie können bereits bis 10 zählen. Zählen Sie jetzt mit bis 20.

C'est combien?

Das macht wie viel?

C'est	**dix**	euros.
	onze	
	douze	
	treize	
	quatorze	centimes.
	quinze	
	seize	
	dix-sept	
	dix-huit	
	dix-neuf	
	vingt	

Das macht	10	Euro.
	11	
	12	
	13	
	14	Cent.
	15	
	16	
	17	
	18	
	19	
	20	

Encore une fois!

Noch einmal!

Und hier nochmals die Zahlen von 1 bis 20. Zählen Sie laut mit!

Un, deux, trois, quatre, cinq, six, sept,
huit, neuf, dix, onze, douze, treize,
quatorze, quinze, seize, dix-sept,
dix-huit, dix-neuf, vingt.

Mit Ausnahme von **un** sind die Zahlen im Französischen **unveränderlich.**
un homme – **une femme** ein Mann – eine Frau.
Vor männlichen Wörtern heißt ‚ein(e)' **un**, vor weiblichen **une.**

Erläuterungen

la fiche	der Zettel, *hier:* die Quittung
voici	**hier ist, hier sind**
le musée	das Museum
le reste	der Rest
pour vous	für Sie

À bientôt, chers amis!

Bis bald, liebe Freunde!

Deuxième cassette: fin de la face A

Kassette 2: Ende der A-Seite

Dialogue vingt-quatre

Gespräch 24

Blanchisserie – Nettoyage à sec

Wäscherei – Chemische Reinigung

Sie geben Ihre Wäsche in der Reinigung ab und nennen Ihre Wünsche. Dabei lernen Sie die Namen vieler Wäschestücke kennen.
Sie trainieren dabei mit ce (cet, cette, ces) für dieser (diese, dieses).

Écoutez et répétez, s'il vous plaît!	**Hören Sie zu und wiederholen Sie, bitte!**
Je voudrais faire laver ...	Ich möchte waschen lassen ...
ces chemises, ces maillots, ces caleçons, ces jupons, ces pyjamas, ces mouchoirs	diese Hemden, diese Unterhemden, diese Unterhosen, diese Unterröcke, diese Schlafanzüge, diese Taschentücher
Je voudrais faire nettoyer ...	Ich möchte reinigen lassen ...
ce costume, ce costume-pantalon, ce tailleur, cette jupe, cette robe, cette veste, ce pantalon, ce pantalon de ski, cet anorak, ce pullover, cette cravate, ce négligé, ce manteau, cet imperméable	diesen Anzug (dieses Kostüm), diesen Hosenanzug, dieses Jackenkleid, diesen Rock, dieses Kleid, diese Jacke, diese Hose, diese Skihose, diesen Anorak, diesen Pullover, diese Krawatte, diesen Morgenrock, diesen Mantel, diesen Regenmantel
Il me faut mon linge pour mercredi prochain. – C'est bien, Mademoiselle.	Ich brauche meine Wäsche am nächsten Mittwoch. – Das geht in Ordnung, mein Fräulein.

Écoutez bien et répétez!

Hören Sie gut zu und wiederholen Sie!

Und hier ist eine **Wäscheliste zum Nachschauen:**

Messieurs	**Herren**
Chemises	Hemden
Maillots	Unterhemden
Slips	Slips
Caleçons courts	Kurze Unterhosen
Caleçons longs	Lange Unterhosen
Mouchoirs	Taschentücher
Chaussettes	Socken
Pyjamas	Pyjamas
Costumes	Anzüge
Vestons	Jacken
Pantalons repassés	Hosen gebügelt
Pullovers	Pullover
Dames	**Damen**
Chemises de nuit	Nachthemden
Maillots	Unterhemdchen
Culottes	Unterhöschen
Mouchoirs	Taschentücher
Blouses	Blusen
Soutiens-gorges	Büstenhalter
Bas	Strümpfe
Pyjamas	Pyjamas
Jupons	Unterröcke
Robes	Kleider
Jupes	Röcke

Erläuterungen

le nettoyage à sec	die (*trockene*) chemische Reinigung
laver	waschen
nettoyer	reinigen
Je voudrais	Ich möchte
faire laver	(machen) lassen waschen
Il me faut ...	Ich brauche (benötige) ...
repasser	bügeln
Fermé le samedi, dimanche et jours de fête	Geschlossen am Samstag, Sonntag und an Feiertagen

Mit dem hinweisenden Begleitwort ce (cet, cette) für *diese* (*-s*, *-r*) und ces für *diese* in der Mehrzahl beschäftigen wir uns ausführlich bei Dialog 30.

Dialogue vingt-cinq

Gespräch 25

Une chambre double, s'il vous plaît!

Ein Doppelzimmer, bitte!

Sie möchten im Hôtel de France *ein Doppelzimmer nehmen und erkundigen sich nach dem Weg. Hören Sie wieder gut zu, damit Sie fit werden für das Gespräch an der Rezeption.*

Écoutez attentivement!

– Pardon, Monsieur, où est l'Hôtel de France?
– Regardez, de l'autre côté.
– Merci beaucoup.

Hören Sie aufmerksam zu!

– Verzeihung, wo ist das Hotel de France?
– Sehen Sie, auf der anderen Seite (da drüben).
– Vielen Dank.

Encore une fois!

Noch einmal!

An der Réception *des Hotels:*

– Bonjour Madame, bonjour Monsieur ...
Vous désirez?
– [Une chambre double].
– Pour plusieurs jours?
– C'est cela, pour plusieurs jours.

– [Voudriez-vous] une chambre avec salle de bains?
– [De préférence] avec douche.
– Oui, une chambre double avec douche,
... [troisième] étage, numéro trente.
– Et le prix?
– Cent **sans** le petit déjeuner.
– Bon.
– Voici la clé. L'ascenseur est à droite.

– Guten Tag, meine Dame, guten Tag, mein Herr ...
Sie wünschen?
– [Ein Doppelzimmer].
– Für mehrere Tage?
– Ja (*So ist es*), für mehrere Tage.

– [Möchten Sie] ein Zimmer mit Bad?
– [Lieber] mit Dusche.
– Ja, ein Doppelzimmer mit Dusche,
... [dritter] Stock, Nummer dreißig.
– Und der Preis?
– Hundert **ohne** Frühstück.
– Gut.
– Hier ist der Schlüssel. Der Aufzug ist rechts.

Continuez à parler!

Désirez-vous ...

une chambre à un lit? }
une chambre simple? }

une chambre à deux lits? }
une chambre double? }

une chambre avec salle de bains?
une chambre avec douche?
une chambre moins chère?

Sprechen Sie weiter!

Wünschen Sie ...

ein Einbettzimmer?

ein Doppelzimmer?

ein Zimmer mit Bad?
ein Zimmer mit Dusche?
ein billigeres Zimmer?

○

pour un jour
pour deux jours
pour trois jours
pour plusieurs jours
pour une semaine
pour deux semaines
pour trois semaines

Die Mehrzahl bildet man meist mit s. *Die große Erleichterung beim Sprechen: Dieses* s *ist* ***nicht hörbar.***

für einen Tag
für zwei Tage
für drei Tage
für mehrere Tage
für eine Woche
für zwei Wochen
für drei Wochen

○

Sprechen Sie jetzt diese langen Sätze nach:

Une chambre simple pour un jour, **s'il vous plaît.**
Une chambre simple pour deux jours, s'il vous plaît.
Une chambre double pour trois jours, s'il vous plaît.
Une chambre double pour une semaine, s'il vous plaît.

– Une chambre simple ou une chambre double?	▷	– Une chambre double.
– Une chambre avec ou sans salle de bains?		– Une chambre avec salle de bains.
– Une chambre à deux lits ou à grand lit?		– Une chambre à grand lit.

Hier einige Schilder, die Sie beachten sollten:

RÉCEPTION oder ACCUEIL	EMPFANG
CLÉS	SCHLÜSSEL
CAISSE	KASSE
ASCENSEUR	LIFT

Erläuterungen

Regardez!	Sehen Sie! Schauen Sie!
le lit, un lit	das Bett, ein Bett
un grand lit	ein großes Bett
de l'autre côté	auf der anderen Seite
Vous désirez?	Sie wünschen?
Désirez-vous ...?	Wünschen Sie ...?
Voudriez-vous ...?	Möchten Sie ...?
le petit déjeuner	das Frühstück
le prix	der Preis
le numéro	die Nummer
trente	dreißig
l'ascenseur	der Aufzug
à droite	rechts
avec – sans	**mit – ohne**
pour	**für**

une semaine	eine Woche
pour une semaine	für eine Woche
pour deux semaines	für zwei Wochen
plusieurs	**mehrere**
plusieurs jours	mehrere Tage
plusieurs jours	mehrere Tage
la clef la clé	der Schlüssel

ou = oder **où?** = wo?

In der Aussprache klingen beide Wörter gleich und zwar wie ***u****. Beim Schreiben von* ***où?*** *für* ***wo?*** *den Akzent nicht vergessen!*

Sprechen Sie jetzt direkt mit dem Hotelportier!

Hören Sie sich das Gespräch an der Rezeption noch mehrmals an.
Wenn Sie sicher sind, versuchen Sie die Sprechrolle von Brigitte zu übernehmen, d. h. Sie antworten selbstständig auf die Frage von Pierre.

Bonne chance! **Viel Glück!**

Test

Drei Ausdrücke gehören nicht zum Thema. Welche?

jupons pantalons cravates
prix bas chambre
mouchoirs costume
chemise cigarette
slips
blouse
veston

Lösung: (verdrehte Buchstabenfolge) bamrech – xirp – gacirette
Wie man die Wörter richtig schreibt, finden Sie bestimmt selbst heraus.

Dialogue vingt-six

Gespräch 26

Quelle heure est-il, s'il vous plaît?

Wie viel Uhr ist es, bitte?

Hier zeigen wir Ihnen, wie man die Uhrzeiten zur vollen Stunde angibt.
Hören Sie wieder gut zu und sprechen Sie mit!

Écoutez bien, s'il vous plaît!

- Quelle heure est-il, s'il vous plaît?
- Il est deux heures.
- Merci beaucoup.

Hören Sie gut zu, bitte!

- Wie viel Uhr ist es, bitte?
- Es ist zwei Uhr.
- Vielen Dank.

○

Écoutez attentivement et répétez, s'il vous plaît!

Hören Sie sich nun die Uhrzeiten an und sprechen Sie auch mit. Achten Sie dabei besonders auf die Aussprache der Zahlen 5, 6, 7, 8 und 10. Da das folgende Substantiv mit einem gesprochenen Vokal beginnt (h ist stumm), werden die Endkonsonanten gesprochen und hier auch gebunden.

Il est …

une heure

deux heures

trois heures

quatre heures

cinq heures

six heures

sept heures

huit heures

neuf heures

dix heures

onze heures

midi (douze heures)

Encore und fois!

Noch einmal!

○

Continuez à parler!

Quand?

à une heure, à deux heures, à trois heures, à quatre heures, à cinq heures, à six heures, à sept heures, à huit heures, à neuf heures, à midi

Sprechen Sie weiter!

Wann?

um ein Uhr, um zwei Uhr, um drei Uhr usw.

Erläuterungen

une heure
deux heures }
trois heures } Ab zwei Uhr hängt man also bei **heure** ein **s** an!

à une heure | **um** ein Uhr

Bei der Angabe der Uhrzeit übersetzt man **um** mit **à**.

Test

Schreiben Sie nun weiter und vergleichen Sie anschließend Ihre Testaufgabe mit den vorhergehenden Übungen.

à une heure, à deux heures, ...

....

à dix heures, à onze heures, ...

....

Dialogue vingt-sept

Gespräch 27

Le métro

Die U-Bahn

Sie erkundigen sich nach der nächsten Metrostation. Sie haben aber Verständigungsschwierigkeiten: ***Je n'ai pas compris ...*** *(ich habe nicht verstanden ...). Sprachlich beschäftigen wir uns mit den* ***Ordnungszahlen.***

Hören Sie wieder aufmerksam zu, damit Sie die Metrostation auch finden.

Écoutez attentivement, s'il vous plaît!

– Pardon, Mademoiselle, je cherche la station de métro la plus proche.

– Entschuldigen Sie, mein Fräulein, ich suche die nächste Metrostation.

– Allez tout droit, traversez la grande place et prenez **la première rue** à droite. La station se trouve au coin de **la deuxième rue** à gauche.

– Gehen Sie geradeaus, überqueren Sie den großen Platz und nehmen Sie **die erste Straße** rechts. Die (Metro-)Station befindet sich an der Ecke **der zweiten Straße** links.

– Oh, pardon je n'ai pas compris.

– Oh, Verzeihung, ich habe nicht verstanden.

– Allez tout droit, traversez la grande place, et prenez la première rue à droite. La station se trouve au coin de la deuxième rue à gauche.

Compris?

Verstanden? (Kapiert)?

– Ah oui, merci beaucoup, Mademoiselle.

– Ah ja, vielen Dank, mein Fräulein.

– À votre service, Monsieur.

– Nicht der Rede wert (*Zu Ihren Diensten*), mein Herr.

Am Fahrkartenschalter:

– Un carnet, s'il vous plaît.

– Einen Zehnerblock, bitte.

– Un billet de tourisme pour quatre jours.

– Eine Touristenkarte für vier Tage.

Continuez à parler!

Sprechen Sie weiter!

Die Ordnungszahlen sind leicht zu bilden und haben nur eine Form für männlich und weiblich, mit Ausnahme: **le premier – la première.**

Grundzahlen	Ordnungszahlen		
un, une	le **premier,**	la première	der erste, die erste
deux	le deuxième,	la deuxième	der zweite, die zweite usw.
trois	le troisième,	la troisième	
quatre	le **quatrième,**	la quatrième	
cinq	le **cinquième,**	la cinquième	
six	le sixième,	la sixième	
sept	le septième,	la septième	
huit	le huitième,	la huitième	
neuf	le **neuvième,**	la neuvième	
dix	le dixième,	la dixième	

- Um die Ordnungszahlen zu bilden, hängt man an die Grundzahl **-ième** an.
- Ausnahmen: Endet die Grundzahl auf **-e,** dann fällt dieses weg: **quatrième.**

Achten Sie auf diese Schilder:

Écoutez et répétez, s'il vous plaît!

Hören Sie zu und wiederholen Sie, bitte!

Au-delà de cette limite les billets ne sont plus valables

Jenseits dieser Grenze
sind die Fahrkarten nicht mehr gültig

DÉFENSE DE FUMER

Rauchen verboten

ENTRÉE INTERDITE

Eingang verboten

CORRESPONDANCES

Anschlusszüge

SORTIE

Ausgang

POUSSEZ

Drücken

TIREZ

Ziehen

ATTENTION! RER TARIFICATION SPÉCIALE

Achtung! RER Spezialtarif

Dialogue 27

Für die deutschen **zusammengesetzten Substantive** hat man im Französischen sehr häufig Redewendungen, in denen Präpositionen verwendet werden:

la station de métro	die U-Bahnstation
l'arrêt d'autobus	die Autobushaltestelle
le bureau de poste	das Postamt
la gare de l'Est	der Ostbahnhof

INFO

Es ist empfehlenswert, für die Pariser Metro ein *carnet* zu nehmen. Es enthält 10 Fahrscheine und ist billiger als Einzelfahrscheine.

un carnet	ein Zehnerblock
un billet de tourisme	eine Touristenkarte, ein Touristenpass
pour quatre jours	für vier Tage

Avez-vous tout compris?	Haben Sie alles verstanden?
compris?	verstanden?
j'ai compris	ich habe verstanden
je **n'**ai **pas** compris	ich habe **nicht** verstanden

Erläuterungen

métro ist die Abkürzung für **métropolitain** (städtische U-Bahn)
RER ist die Abkürzung für **Réseau Express Régional** (Schnellbahn)

chercher, je cherche	suchen, ich suche
la station la plus proche	die nächste (näheste) Station
allez! traversez!	gehen Sie! überqueren Sie!
prenez!	nehmen Sie!

trouver, se trouver	finden, sich befinden
la station se trouve ...	die Station befindet **sich** ...
le coin, au coin	die Ecke, an der Ecke

Dialogue vingt-huit

Gespräch 28

Où est la station de métro?

Wo ist die U-Bahnstation?

Sie stellen viele Fragen zu den Verkehrsmitteln und erhalten viele Antworten.
Hören Sie wieder aufmerksam zu und sprechen Sie nach.

Écoutez et répétez, s'il vous plaît!

Hören Sie bitte zu und wiederholen Sie, bitte!

– Où est	la station de métro? l'arrêt d'autobus? la station du RER? la station de taxis?

– Wo ist	die Metrostation? die Bushaltestelle? die RER-Station? der Taxistand?

– Pardon, Monsieur, où est

la station de métro l'arrêt d'autobus la station du RER	pour aller au centre ville? pour aller au Louvre? pour aller à la tour Eiffel?

→ C'est tout près d'ici.
→ C'est au bout de la rue.
→ C'est dans [la première rue] à droite.

... um	ins Stadtzentrum zum Louvre ins Stadtzentrum	zu fahren?

– Ganz in der Nähe.
– Am Ende der Straße.
– In der [ersten Straße] rechts.

Sprechen Sie jetzt direkt mit!

Übernehmen Sie jetzt wieder eine Sprecherrolle, entweder die von Pierre oder die von Brigitte. Wenn Sie selbstständig die Fragen stellen wollen, dann halten Sie kurz den Tonträger an. Wenn Sie die Frage gestellt haben, schalten Sie wieder ein und hören zu Ihrer Kontrolle die richtige Antwort.

Dialogue vingt-neuf — Gespräch 29

Du café et des croissants — Kaffee und Croissants

Hier ist die Rede von einer sprachlichen Besonderheit des Französischen, nämlich vom so genannten Teilungsartikel:

*Im Französischen sagt man nicht einfach **café** oder **croissants**, sondern* du café *und* des croissants *(Kaffee und Hörnchen). Dies gilt es zu berücksichtigen, wenn Sie Ihre Wünsche nennen.*

Hören Sie wieder aufmerksam zu und sprechen Sie bei der Bestellung sofort mit.

Écoutez bien et répetez s'il vous plaît! — Hören Sie gut zu und wiederholen Sie, bitte!

Qu'est-ce que vous désirez? — Was wünschen Sie?

Des croissants,	s'il vous plaît.	Hörnchen,	bitte.
Des brioches,		Brioches,	
Des petits pains,		Brötchen (Semmeln),	
Des œufs,		Eier,	
Des fruits,		Obst,	
Des légumes,		Gemüse,	
Des cigarettes,		Zigaretten,	

Merkwörter:
des croissants
de la confiture
du café

!

○

Continuez à parler!

Sprechen Sie weiter!

Qu'est-ce que vous désirez?

Was wünschen Sie?

De la viande,	s'il vous plaît.	Fleisch,	bitte.
De la salade,		Salat,	
De la confiture,		Marmelade,	
De l'eau minérale,		Mineralwasser,	
Du café,		Kaffee,	
Du thé,		Tee,	
Du vin rouge,		Rotwein,	
Du vin blanc,		Weißwein,	
Du pain,		Brot,	

○

Erläuterungen

Écoutez bien et répetez s'il vous plaît!

Hören Sie bitte gut zu und wiederholen Sie!

Einzahl:

la viande	– **de la** viande	das Fleisch	– Fleisch
la salade	– de la salade	der Salat	– Salat
la confiture	– de la confiture	die Marmelade	– Marmelade
l'eau minérale	– **de** l'eau minérale	das Mineralwasser	– Mineralwasser

△

Vor Wörter in der Einzahl setzt man zum Ausdruck einer unbestimmten Menge **de**.

le café	– **du** café	der Kaffee	– Kaffee
le thé	– du thé	der Tee	– Tee
le vin	– du vin	der Wein	– Wein
le pain	– du pain	das Brot	– Brot

△

de + le zieht man zusammen zu **du**.

○

Dialogue 29

Teilungsartikel (Mehrzahl):

les croissants –	des	croissants	die Hörnchen	– Hörnchen
les brioches –	des	brioches	die Brioches	– Brioches
les petits pains –	des	petits pains	die Brötchen	– Brötchen
les œufs –	des	œufs	die Eier	– Eier
les fruits –	des	fruits	das Obst	– Obst (Früchte)
les légumes –	des	légumes	das Gemüse	– Gemüse
les cigarettes –	des	cigarettes	die Zigaretten	– Zigaretten

△

Spricht man von einer unbestimmten Menge, dann setzt man des vor das betreffende Wort in der Mehrzahl de + les = des.

○

Einfach ist es bei der Verneinung:

Nach **pas** steht in Einzahl und Mehrzahl nur **de:**

Nous n'avons pas de thé. Wir haben keinen Tee.

le thé (der Tee) – **du thé** (Tee) – **pas de thé** (keinen Tee)
les croissants (die Hörnchen) – **des croissants** (Hörnchen) – **pas de croissants** (keine Hörnchen)

○

Trainieren Sie weiter:

Nous n'avons pas de café.
de lait.
de croissants.
d'eau minérale.

BOULANGERIE – BÄCKEREI
CROISSANTERIE – CROISSANTS-Bäckerei
TABACS – TABAKWAREN
FRUITS ET LÉGUMES – OBST UND GEMÜSE

Test

1 Fügen Sie den richtigen Teilungsartikel ein.

Au petit déjeuner ...

on boit (man trinkt)	... café,	... thé,	... lait,	... chocolat;
on mange (man isst)	... pain,	... croissants,	... beurre,	... confiture.

2 Verneinen Sie jetzt:

on ne boit pas	... vin,	... apéritif,	... bierre;
on ne mange pas	... légumes,	... viande,	... salade.

Die Lösung finden Sie im Lösungsteil im Anhang.

Dialogue trente

Gespräch 30

Je voudrais un bon Bordeaux, s'il vous plaît!

Ich möchte bitte einen guten Bordeaux!

Trainieren Sie nun mit dem wichtigen Ausdruck ***je voudrais*** *... und nennen Sie Ihre Wünsche im Restaurant oder in der Modeboutique.*
Dabei beschäftigen wir uns mit den Demonstrativbegleitern (hinweisende Begleitwörter): ***ce – cet – cette*** *oder* ***ces*** *für ‚diese', ‚dieser', ‚dieses'.*

Hören Sie also wieder gut zu und sprechen Sie auch mit.

Écoutez bien et répétez, s'il vous plaît.

Hören Sie gut zu und wiederholen Sie, bitte!

Je voudrais	un steak frites,	s'il vous plaît.	Ich möchte bitte	ein Steak mit Pommes frites.
	une entrecôte,			ein Entrecôte. (*Rippenstück vom Rind*)
	des frites,			(Pommes-) Frites.
	un châteaubriand,			ein Châteaubriand (*Lendenstück vom Rind*).
	une escalope garnie,			ein Schnitzel mit Beilagen.
	des saucisses,			Würstchen.
	un bon Bordeaux,			einen guten Bordeaux.
	une bouteille de vin rouge,			eine Flasche Rotwein.
	une demi-bouteille,			eine halbe Flasche.
	un verre de rouge,			ein Glas (*Roten*) Rotwein.
	un verre de blanc,			ein Glas (*Weißen*) Weißwein.
	un petit Calvados.			einen kleinen Calvados (*Schnaps aus Äpfeln*).

○

Continuez à parler! — Sprechen Sie weiter!

Sie möchten einen bestimmten Gegenstand: **ce costume** (diesen Anzug), **cette robe** (dieses Kleid) usw. Hören Sie wieder aufmerksam zu und sprechen Sie mit!

Écoutez bien et répétez, s'il vous plaît!

Je voudrais	**ce tissu,**	**s'il vous plaît.**	**Ich möchte bitte**	**diesen Stoff.**
	ce costume,			diesen Anzug.
	cet anorak,			diesen Anorak.
	cette robe,			dieses Kleid.
	cette chemise,			dieses Hemd.
	ces mouchoirs,			diese Taschentücher.

Erläuterungen

Wie übersetzt man *dieser, diese, dieses*?

Die Demonstrativbegleiter

- Vor männlichen Hauptwörtern: **ce** — le tissu – **ce** tissu
- Vor männlichen, die mit Vokal oder stummem **h** beginnen: **cet** — l'anorak – **cet** anorak
- Vor weiblichen Substantiven: **cette** — **la** robe – **cette** robe
- Vor Substantiven in der Mehrzahl: **ces** — **les** mouchoirs – **ces** mouchoirs

Einzahl:	Mehrzahl:
ce cet cette	ces

Test

Setzen Sie nun den richtigen Demonstrativbegleiter ein.

Je voudrais ... chemise, ... mouchoirs, ... robe, ... anorak, ... tissu noir, ... costume.

Vergleichen Sie Ihre Testübung mit obenstehenden Ausdrücken.

Ergänzen Sie nun den französischen Teil dieser Sprechtafel

....	....	Ich möchte bitte	diesen Stoff.
	....		diesen schwarzen Stoff.
	....		diesen Anzug.
	....		diesen Anorak.
	....		dieses Kleid.

Die Lösung steht in Gespräch 30.

Deuxième cassette: fin de la face B Kassette 2: Ende der B-Seite

Dialogue trente et un

Gespräch 31

Au restaurant

Im Restaurant

Sie sind im Restaurant und bestellen ein dreigängiges Menü und als Getränk:
une bouteille de ***rouge*** (eine Flasche Rotwein).

Hören Sie wieder aufmerksam zu und sprechen Sie nach!

Écoutez attentivement et bonne chance!

– Garçon, le menu s'il vous plaît.	– Herr Ober, die Speisekarte bitte.
– Voici le menu, Mademoiselle.	– Hier ist die Speisekarte, mein Fräulein.
– Merci ... eh bien ... d'abord un potage, et puis un steak frites ...	– Danke ... nun ... zuerst eine Suppe und dann ein Steak (mit) Pommes Frites ...
– Comment le steak? **Saignant,** **à point, bien cuit**?	– Wie das Steak? **Englisch** (blutig), **halb durch-, gut durchgebraten**?
– Bien cuit. Et de la salade de tomates.	– Gut durchgebraten. Und Tomatensalat.
– Bien, Mademoiselle. Et comme dessert? Des fruits ou du fromage?	– Gut, mein Fräulein. Und als Nachtisch? Obst oder Käse?
– Du fromage.	– Käse.
– Et comme boisson?	– Und zu trinken? (*als Getränk?*)
– Un demi.	– Ein Glas Bier (*eine Halbe*).

Continuez à parler!

Sprechen Sie weiter!

Je voudrais une **tasse de** café, s'il vous plaît.	Ich möchte bitte eine Tasse (von) Kaffee.
un **verre de** vin rouge,	ein Glas Rotwein.
un **peu de** sucre,	ein (wenig) bisschen Zucker.
une **bouteille de** rouge,	eine Flasche Rotwein.
un **litre de** lait,	einen Liter Milch.
un **kilo de** sucre,	ein Kilo Zucker.

Nach Begriffen, die eine Menge ausdrücken (*eine* Tasse ..., *ein* Glas ..., *ein wenig* ...), steht im Französischen **de** (*von*).

Erläuterungen

le menu das Menü, die Speisekarte

d'abord ...	zuerst, zunächst ...
et puis ...	und dann ...

comment?	wie?
un potage	eine Suppe
saignant	blutig
à point	halb durch(gebraten)
bien cuit	gut durch(gebraten
de la salade de tomates	Tomatensalat

la salade	– de la salade	der Salat	– Salat
le fromage	– du fromage	der Käse	– Käse
les fruits	– des fruits	das Obst (*die Früchte*)	– Obst

le dessert	der Nachtisch
la boisson	das Getränk

Sprechen Sie jetzt mit!

Sie sollen die Sprecherrolle der Dame übernehmen und so direkt mit dem Kellner sprechen.

Bitte beginnen Sie: *Garçon, le menu, s'il vous plaît.*

Test

Sie sind im Restaurant und bestellen.

Eh bien d'abord .... (eine Suppe)
Et puis un steak .... (mit Fritten)
Comment le steak ? .... (gut durchgebraten)
Et comme dessert ? .... (Käse)
Et comme boisson ? .... (eine Halbe)
Je voudrais aussi .... (eine Tasse Kaffee)

Sehen Sie nun beim Eingangsgespräch von Gespräch 31 nach, ob Sie alles richtig gemacht haben. Achten Sie dabei auch genau auf die Rechtschreibung!

Dialogue trente-deux

Qu'est-ce que tu vas prendre, Brigitte?

Gespräch 32

Was nimmst du, Brigitte?

Wir präsentieren Ihnen wieder einen Dialog im Restaurant, damit Sie sicher Ihre Bestellungen aufgeben können. Dieses Mal ist Brigitte von Pierre zum Abendessen eingeladen. Angelockt hat sie das folgende Schild in der Auslage:

Attention! FORMULE NOUVELLE
le pain
le couvert
la serviette
ABSOLUMENT GRATUITS

Achtung! NEUES ANGEBOT
das Brot
das Gedeck
die Serviette
ABSOLUT GRATIS

Achten Sie besonders auf die Ausdrücke in den Kästchen: ***je vais prendre ..., tu vas prendre ..., nous allons prendre ...*** ich werde nehmen *usw. Wir beschäftigen uns hier also mit der nahen Zukunft.*
Zunächst aber zu unserem Gespräch im Restaurant.
Hören Sie wieder aufmerksam zu.

Écoutez attentivement, s'il vous plaît!

– Messieurs-dames, voici le menu.

Nach einigen Minuten fragt Pierre:

– Qu'est-ce que tu vas prendre, Brigitte?
– Je vais prendre
un hors d'œuvre, un pâté,
un steak frites, un légume,
une salade, du fromage
et comme dessert de la mousse au chocolat.

Hören Sie aufmerksam zu, bitte!

– Meine Herrschaften, hier ist die Speisekarte.

– Was nimmst du (wirst du nehmen), Brigitte?
– Ich nehme (werde nehmen)
eine Vorspeise, eine Pastete,
ein Steak mit Fritten, ein Gemüse,
einen Salat, Käse
und als Nachtisch Schokoladenschaum.

– Nous allons prendre
deux hors d'œuvres,
le plat du jour,
un bifteck frites, une entrecôte,
une escalope garnie, deux salades de tomates et des fruits.

– Wir nehmen (werden nehmen)
zwei Vorspeisen,
das Tagesgericht (die Tagesplatte),
ein Steak mit Fritten, einen Rippenbraten,
ein Schnitzel mit Beilagen, zwei Tomatensalate und Obst.

○

Pierre will noch wissen, welche Beilagen es zum Entrecôte gibt:

– Qu'est-ce qu'il y a avec l'entrecôte?
– Eh bien, il y a des frites,
des petits pois et des pâtes.

– Was gibt es zum (mit dem) Rippenbraten?
– Nun, es gibt Pommes Frites,
Erbsen und Nudeln (Teigwaren).

○

Erläuterungen

Die nahe Zukunft: ausgedrückt durch das Verb **aller** (gehen, fahren):
Je vais prendre ... *Ich nehme* (*ich werde nehmen*, wörtlich: *ich gehe zu nehmen*)
Nous allons prendre ... *Wir* (*werden*) *nehmen ...*

Merken Sie sich zunächst diese beiden Ausdrücke: **je vais ...**, **nous allons ...**, denn der Franzose verwendet diese Form der nahen Zukunft sehr häufig in der Umgangssprache.
Übrigens ist der Franzose genauer in der Anwendung der Zeiten als der Deutsche. Im Deutschen verwenden wir häufig die Gegenwart anstelle der Zukunft.

Merken Sie sich besonders:

Qu'est-ce qu'il y a? ▷ Il y a ...

Was gibt es? ▷ Es gibt ...

les frites	– **des** frites
les petits pois	– **des** petits pois
les pâtes	– **des** pâtes

die Pommes frites	– Pommes frites
die Erbsen	– Erbsen
die Teigwaren	– Teigwaren

la salade de tomates – der Tomatensalat
le dessert – der Nachtisch
bifteck frites / steak frites } – Steak mit Pommes frites

À bientôt!

Bis bald!

Dialogue trente-trois

Gespräch 33

Qu'est-ce que vous allez boire?

Was trinken Sie?

Und jetzt geht es um Getränke aller Art.
Hören Sie wieder aufmerksam zu und sprechen Sie nach.

Écoutez bien et répétez, s'il vous plaît!

Qu'est-ce que vous allez boire?
Café, thé, chocolat ...

– Non, quelque chose de frais.

– Nein, etwas Frisches.

Und nun beginnt der Ober aufzuzählen:

– Orangeade, citronnade, jus de fruit, café glacé, chocolat glacé, limonade, eau minérale, bière ...
– Un café glacé et un quart de Vittel.

– Orangeade, Zitronade, Obstsaft, Eiskaffee, Eisschokolade, Limonade, Mineralwasser, Bier ...
– Einen Eiskaffee und ein Viertel Vittel.

○

Ist Ihnen nicht aufgefallen, dass hier nach unbestimmten Mengenangaben der Teilungsartikel fehlt?
Eigentlich müsste es heißen: **du café, de l'eau minérale, de la limonade** usw.
Hierzu gibt es eine Ausnahme:
Bei Aufzählungen macht man es wie im Deutschen und lässt den Teilungsartikel weg.

○

Continuez à parler!

Nun geht es um alkoholische Getränke.

– Qu'est-ce que vous allez boire?
  Du vin rouge, du vin blanc, du vin rosé?
– Du vin rouge, s'il vous plaît.
– Une bouteille, un verre ...?
– Une demi-bouteille.

– Une bière, s'il vous plaît.
– À la pression ou en bouteille?
– À la pression.
– Brune ou blonde?
– Blonde!
– Bien, Madame.

Am Schluss meint Brigitte:
– On ne mange pas mal ici, n'est-ce pas?
– C'est vrai. Et pas trop cher.

Sprechen Sie weiter!

– Was trinken Sie (werden Sie trinken)?
  Rotwein, Weißwein, Roséwein?
– Rotwein bitte.
– Eine Flasche, ein Glas ...?
– Eine halbe Flasche.

– Ein Bier bitte.
– Vom Fass oder eine Flasche?
– Vom Fass.
– Dunkel oder hell?
– Hell!
– Gut, Madame.

– Hier isst man nicht schlecht, nicht wahr?
– Das stimmt. Und nicht zu teuer.

Erläuterungen

un quart **de** Vittel	ein Viertel Vittel (*Mineralwasser*)

Für Eiskaffee hat man im Französischen zwei Ausdrücke: **café glacé** oder **café liégeois.**

manger (siehe Anhang Seite 182)	**essẹn**
je mange – nous **mangeons**	ich esse – wir essen
on mange	**man** isst
on **ne** mange **pas** mal ici	man isst **nicht** schlecht hier
c'est vrai	das (*ist wahr*) stimmt
c'est cher, trop cher,	das ist teuer, zu teuer,
pas trop cher	nicht zu teuer

Zu Ihrer Information:
In allen Restaurants mit LIBRE SERVICE (Selbstbedienung) können Sie sich an einer Fontäne kostenlos eisgekühltes Wasser holen:

EAU FRAÎCHE FRISCHES WASSER

Achten Sie auch auf dieses Schild:

SERVICE 15 % en sus Zuzüglich 15 % Bedienung

Dialogue 33

Test

1 Wiederholungstest zur Aussprache

Sollte Ihnen das Lesen dieser Wörter und Sätze Schwierigkeiten bereiten, dann sollten Sie unbedingt Gespräch 3 wiederholen.

Salut Henri, Hélène et Hubert.

Bonjour Jean, Jacques, Julien, Julie et Jeannette.

Salut Juliette! Salut Jules!
Salut Suzette! Salut Gustave!

Cher Charles, chère Charlotte,
cher Christian, chère Claire.

Au revoir Paul! Au revoir Paulette!
Au revoir Maurice! Au revoir Claude!
Au revoir Claudine!

Salut Brigitte, Charlotte, Nicole, Isabelle, Claudine, Mireille, Suzette, Ginette, Liliane, Monique, Nathalie et Sophie.

Salut René, André, Béatrice et Cécile.

2 Ordnen Sie jeder Frage die richtige Antwort zu.

Vous buvez du vin? →	Voici le menu, Mademoiselle.
Et comme dessert?	Non, merci.
Vous prenez de l'eau?	Grillé, s'il vous plaît.
Comment voulez-vous le bifteck?	Oui, du vin rouge, s'il vous plaît.
Donnez-moi le menu, s'il vous plaît.	Du fromage.
Qu'est-ce que vous allez boire?	Quelque chose de frais.

Die Lösung finden Sie in Lektion 30 und 31.

Dialogue trente-quatre

Un potage, un bifteck frites et une bière

Gespräch 34

Eine Suppe, ein Steak mit Pommes frites und ein Bier

Nach einem kurzen Gespräch finden Sie hier eine lange Liste von Speisen und Getränken, damit Sie für die französische Küche gerüstet sind.

Hören Sie zu und sprechen Sie nach!

Écoutez attentivement et répétez, s'il vous plaît!

– Comment voulez-vous le bifteck? Rôti? Bien rôti? Sur le gril? Saignant?	– Wie wollen Sie das Steak? Gebraten? Durchgebraten? Vom Grill? Englisch (blutig)?
– Grillé, s'il vous plaît.	– Gegrillt, bitte.

La carte

HORS-D'ŒUVRE	VORSPEISEN (kalt)
Crudités	Rohkost
Œufs à la russe	Russische Eier
Artichauts	Artischocken
Assiette anglaise	Aufschnittplatte
Boudin noir	Blutwurst
Charcuterie	Aufschnitt
Crabes	Krabben
Crevettes	Garnelen
Pâté de foie gras	Gänseleberpastete
Huîtres	Austern
Jambon	Schinken

POTAGES – SOUPES	SUPPEN
Consommé	Kraftbrühe
Crème d'asperges	Spargelsuppe
Potage bourguignon	Suppe mit Gemüse und Fleisch
Bouillabaisse	Fischsuppe

ENTRÉES	VORSPEISEN (warm)
Croque-Monsieur	Überbackener Toast
Escargots	Schnecken
Œufs sur le plat	Spiegeleier
Bouchées à la reine	Königinpastete

PLATS DU JOUR	TAGESGERICHTE
Bifteck frites	Steak mit Pommes frites
Escalope garnie	Schnitzel mit Pommes frites
Steak frites	Steak mit Fritten
Choucroute garnie	Garniertes Sauerkraut
Goulache au riz	Gulasch mit Reis
Steak au poivre garni	Pfeffersteak garniert
Francforts frites	Frankfurter mit Pommes frites
Entrecôte grillée pour deux personnes	Grillplatte (Rippenstücke) für zwei Personen

LÉGUMES	GEMÜSE
Haricots verts	Grüne Bohnen
Épinards	Spinat

POISSONS	FISCH
Truite aux amandes	Forelle mit Mandeln
Filets de sole	Seezungenfilet

FROMAGES	KÄSE
Roquefort avec beurre	Roquefort mit Butter
Camembert	Camembert
Yaourt	Joghurt
Yaourt aux fruits	Joghurt mit Früchten

DESSERTS	NACHTISCH
Pâtisserie	Gebäck
Fruits de saison	Obst
Crème caramel	Karamelcreme
Glace	Eis
Coupe glacée	Eisbecher
Coupe glacée aux fruits	Eisbecher m. Früchten
Glace à la fraise	Erdbeereis

BOISSONS	GETRÄNKE
Bière	**Bier**
Bière blonde	Helles Bier
Bière brune	Dunkles Bier
Bière en bouteille	Flaschenbier
Bière pression	Bier vom Fass
Café	**Kaffee**
Café crème Café au lait	Kaffee mit Milch
Café décaféiné (déca)	Koffeinfreier Kaffee
Café express	Espresso
Café glacé Café liégeois	Eiskaffee
Eau gazeuse	Mineralwasser mit Kohlensäure
Eau minérale	Mineralwasser

BOISSONS	GETRÄNKE
Chocolat chaud	Heiße Schokolade
Infusion de camomille	Kamillentee
Infusion de menthe	Pfefferminztee
Jus de fruits	Fruchtsaft
Jus de pommes	Apfelsaft
Jus d'oranges	Orangensaft
Jus de tomates	Tomatensaft
Lait	**Milch**
Lait froid	Kalte Milch
Lait chaud	Warme Milch
Limonade	Limonade
Thé	**Tee**
Thé nature	Schwarzer Tee
Thé au citron	Tee mit Zitrone

Test

In dieser Wörterbox sind die französischen Wörter für *Schnitzel – Schinken – Suppe – Bier – schwarzen Tee* und *Käse* enthalten. Finden Sie diese Ausdrücke heraus!

A	L	U	J	U	M	B	I	N
E	S	C	A	L	O	P	E	O
F	R	O	M	A	G	E	I	U
O	H	L	B	I	È	R	E	M
I	N	P	O	T	A	G	E	R
T	H	É	N	A	T	U	R	E

Die Lösung finden Sie im Lösungsteil im Anhang.

Dialogue trente-cinq

Dans un snack

Gespräch 35

In einem Schnellimbiss

Sie sind in einem Schnellimbiss und beschweren sich, denn Suppe und Kaffee sind kalt: ***Le café est froid, la soupe est froide.*** *Und damit sind wir beim Thema dieses Dialogs, den Adjektiven (Eigenschaftswörter).*

Écoutez attentivement!

– Garçon!

– Oui, Madame. Vous désirez?
– Donnez-moi le menu, s'il vous plaît.
D'abord une soupe, ensuite du poisson ...
– Voici la soupe ...
– Garçon! ..., **la soupe est froide!**

Nach dem Essen bestellen Sie einen Kaffee.

– Un café, s'il vous plaît.
– Voici le café, Madame.
– Garçon! ..., **le café est froid!**

Hören Sie aufmerksam zu!

– Herr Ober!

– Ja, Madame. Sie wünschen?
– Geben Sie mir bitte die Speisekarte.
Zuerst eine Suppe, dann Fisch ...
– Hier ist die Suppe ...
– Herr Ober! ..., **die Suppe ist kalt!**

– Einen Kaffee bitte.
– Hier ist der Kaffee, Madame.
– Herr Ober! ..., **der Kaffee ist kalt!**

Zu einem männlichen Substantiv gehört ein männliches Adjektiv: Le café est froid.

Zu einem weiblichen Substantiv gehört ein weibliches Adjektiv: La soupe est froide.

Continuez à parler! Sprechen Sie weiter!

Hören Sie besonders aufmerksam zu. Jetzt geht es um Adjektive, die eine männliche und eine weibliche Form haben.

Substantiv		Adjektiv		Substantiv		Adjektiv
Le café	est	**mauvais.**	▷	La bière	est	**mauvaise.**
Le thé		**fort.**		La liqueur		**forte.**
Le cognac		**bon.**		La chartreuse		**bonne.**
L'apéritif		**cher.**		La bénédictine		**chère.**
	männlich				weiblich	
Der Kaffee	ist	schlecht.		Das Bier	ist	schlecht.
Der Tee		stark.		Der Likör		stark.
Der Kognak		gut.		Der Chartreuse		gut.
Der Aperitif		teuer.		Der Kräuterlikör		teuer.

Wie bildet man die weibliche Form der Adjektive?

- Nun, man hängt ganz einfach an die männliche Form ein e an: **froid, froide** (kalt) – **mauvais, mauvaise** (schlecht) – **fort, forte** (stark).

- Das e am Ende von **froide, mauvaise, forte** wird zwar nicht gesprochen, es bewirkt aber, dass der vorhergehende Konsonant ausgesprochen wird.

Weitere Beispiele, die Sie schon kennen: **grand – grande** (groß), **petit – petite** (klein), **blond – blonde** (blond), **charmant – charmante** (charmant), **français – française** (französisch), **gris – grise** (grau), **bleu – bleue** (blau), **demi – demie** (halb).

- Eigenschaftswörter, die schon auf e enden, sind in der männlichen und weiblichen Form gleich. In den Dialogen hatten wir bis jetzt schon die folgenden Beispiele: **rouge** (rot), **jeune** (jung), **gauche** (links), **simple** (einfach), **formidable** (fabelhaft).

- Natürlich geht es auch hier nicht ohne einige Ausnahmen, so z. B. bei **bon – bonne** (gut) und **cher – chère** (teuer, lieb).

Dialogue 35

Steigerung der Adjektive

Die Steigerung der Adjektive erfolgt durch **plus** (gesprochen: plü) = **mehr.**

Hören Sie wieder zu und sprechen Sie nach:

grand – plus grand	groß – größer
petit – plus petit	klein – kleiner
la **plus** grande place	der größte Platz
la **plus** belle église	die schönste Kirche

Merken Sie sich besonders:	**bon** (bonne) – **meilleur**(e)	
	gut(e) – besser(e)	

Bonne chance et à bientôt!

Viel Glück und bis bald!

Erläuterungen

la dame et le monsieur	die Dame und der Herr
le garçon	der Kellner
froid, froide	kalt
le menu	die Speisekarte
d'abord	**zuerst, zunächst**
la soupe	die Suppe
ensuite	**dann, darauf**
le poisson – **du poisson**	der Fisch – **Fisch**
mauvais, mauvaise	schlecht
fort, forte	stark
bon, bonne	gut
cher, chère	teuer

Test

1 Setzen Sie die richtige Form des Adjektives ein.

Le café est .... (kalt). – La soupe est .... (kalt).

Le thé est .... (gut). – Le cognac est .... (teuer).

La bière est très .... (teuer).

Donnez-moi une bière ...., s'il vous plaît (kalt).

Die Lösung finden Sie im vorhergehenden Text.

2 Jetzt testen Sie Ihr Wissen zur Steigerung!

Die Testaufgabe verläuft folgendermaßen:

Sie lesen z. B.:	Je suis grand. Et Pierre?
Und Sie schreiben:	Pierre est plus grand.

a) Marie est petite. Et Claire?
b) Le café est fort. Et le thé?
c) La bière est chère. Et l'apéritif? (Vorsicht!)
d) Pierre est jeune. Et Brigitte?
e) Le café est bon. Et le thé? (Vorsicht Falle!)
f) Nicole est belle. Et Brigitte?

Die Lösung finden Sie im Lösungsteil im Anhang.

Dialogue trente-six / Gespräch 36

Je t'aime! / Ich liebe dich!

*Hier geht's um Liebe und ... um die Wörtchen **me*** (mir, mich), ***nous*** (uns) *usw.*

Hören Sie sich nun diese kurze Liebeserklärung an:

Écoutez attentivement, s'il vous plaît!	**Hören Sie bitte aufmerksam zu!**
– Tu m'aimes?	– Liebst du mich?
– Mais oui, je t'aime, je t'aime ...	– Aber ja, ich liebe dich, ich liebe dich ...
Tu le sais bien.	Du weißt es wohl.
– Moi aussi je t'aime.	– Ich liebe dich auch.
Je t'aimerai toujours.	– Ich werde dich immer lieben.
Embrasse-moi!	Küss mich!

○

Diese Liebeserklärung sollten Sie noch mehrmals wiederholen, damit Sie auch auf Französisch Ihre Liebesschwüre kundtun können!

In dieser Liebeserklärung haben sich ein paar wichtige Wörtchen versteckt, **die Personalpronomen (persönliche Fürwörter):**

me	mir, mich
te	dir, dich
lui	ihm, ihr
nous	uns
vous	euch, Ihnen, Sie
leur	ihnen

Beachten Sie vor allem:
Vor Vokalen werden
me, te und **le** zu **m', t'** und **l'**

elle m'aime sie liebt mich
elle t'aime sie liebt dich

△

Satzstellung: me (mir/mich), **te** (dir/dich), **le** (es/ihn) usw. **stehen vor dem Verb.**

Continuez à parler! — Sprechen Sie weiter!

Natürlich stehen die unbetonten Personalpronomen **auch in verneinten Sätzen unmittelbar vor dem Verb:**

Il ne **me** donne pas le journal.	Er gibt **mir**	die Zeitung nicht. (keine Zeitung)
Il ne **te** donne pas le journal.	Er gibt **dir**	
Il ne **lui** donne pas le journal.	Er gibt **ihm**	
Il ne **nous** donne pas le journal.	Er gibt **uns**	
Il ne **vous** donne pas le journal.	Er gibt **euch/Ihnen**	
Il ne **leur** donne pas le journal.	Er gibt **ihnen**	

△

Damit Sie sich beim Sprechen leichter tun, sollten Sie sich diese einfache Regel merken: Sagen Sie bei allen verneinten Sätzen **ne** unmittelbar nach **je, tu, il** usw.

○

Je me rase chaque matin. — **Ich rasiere mich jeden Morgen.**

Wie Sie sehen, benötigt man **me, te** usw. bei den **reflexiven Verben** (rückbezügliche Zeitwörter); z.B. **se raser** (sich rasieren), **se laver** (sich waschen), **s'amuser** sich amüsieren, **se coucher** (sich hinlegen, ins Bett gehen), **se doucher** (sich duschen), **s'habiller** (sich anziehen), **se reposer** (sich ausruhen) usw.

Hören Sie wieder aufmerksam zu und sprechen Sie nach.

Je **me** rase	chaque matin.	Ich rasiere **mich**	jeden Morgen.
Il **se** rase		Er rasiert **sich**	
Nous **nous** rasons		Wir rasieren **uns**	

○

Je **me** douche	chaque soir.	Ich dusche **mich**	jeden Abend.
Elle se douche		Sie duscht **sich**	
Nous **nous** douchons		Wir duschen **uns**	

Je **m'**habille vite. — Ich ziehe **mich** schnell an.
Elle **s'**habille vite. — Sie zieht **sich** schnell an.
Nous **nous** habillons vite. — Wir ziehen **uns** schnell an.

○

Dialogue 36

Erläuterungen

aimer	lieben
embrasser	umarmen, küssen

Embrasse-moi!   Küss mich!
Bei der **bejahten Befehlsform** werden **me, te** usw. wie im Deutschen **nachgestellt.**
Me und te werden dabei zu **moi** und **toi** (betontes Personalpronomen).

Pas de problème! Kein Problem!

tu sais	du weißt
tu **le** sais	du weißt **es**
tu le sais bien	du weißt es wohl (gut)
aussi	auch
toujours	**immer**

Auf einen Blick: Reflexive Verben

se laver	sich waschen
je me lave	**ich wasche mich**
tu te laves	du wäschst dich
il/elle/on se lave	er/sie/es/man wäscht sich
nous nous lavons	**wir waschen uns**
vous vous lavez	ihr wascht euch/Sie waschen sich
ils/elles se lavent	sie waschen sich

Test

Fügen Sie die Personalpronomen (me, te, se) ein.

1 Tu m'aimes ? Oui, je ... aime.
2 Moi aussi je ... aime.
3 Je ... aimerai toujours.
4 Il se douche chaque soir ? Oui, Il ... douche chaque soir.
5 Tu t'habilles ? Oui, je ... habille.
6 Il ... rase chaque jour ? Non, il .... chaque jour.

Die Lösung finden Sie im Lösungsteil im Anhang.

Dialogue trente-sept — Gespräch 37

Un paquet de Gauloises, s'il vous plaît! — Bitte ein Päckchen Gauloises!

Zigaretten kauft man in Frankreich im ***Tabac****.*
Le Tabac *ist überall, wo Sie das rote Rhombenzeichen finden. Oft ist ein Café angegliedert:* ***Café Tabac****.*
In einem ***Tabac*** *gibt es nicht nur Zigaretten, sondern auch Steuermarken, Süßigkeiten, Schreibwaren, Telefonkarten, Briefmarken und oft Fahrscheine für das öffentliche Verkehrsnetz* ***Tickets Bus****. Häufig ist auch eine Lotterieannahme* ***Loto*** *angegliedert.*

Sie fragen nach einem Tabakladen.
Hören Sie wieder aufmerksam zu und sprechen Sie nach.

Écoutez bien!

- Où est un bureau de tabac, s'il vous plaît?
- Regardez, il est là, sur la place.
  Vous voyez l'énorme cigare rouge?
- Merci beaucoup, Monsieur.
- Vous prenez une cigarette française?
- Avec plaisir, Monsieur.
  Voilà du feu.
- Merci bien.

Hören Sie gut zu!

- Wo ist ein Tabakladen, bitte?
- Schauen Sie, er ist da, auf dem Platz.
  Sie sehen die riesige rote Zigarre?
- Vielen Dank, mein Herr.
- Sie nehmen eine französische Zigarette?
- Mit Vergnügen, mein Herr. *Oder:* Sehr gern, …
  Da ist Feuer.
- Vielen Dank.

Nun gehen Sie einkaufen und sagen, was Sie möchten:

- Bonjour, Monsieur. Vous désirez?

- Je voudrais un paquet de cigarettes, s'il vous plaît. Un paquet de Gauloises.
- Voilà les cigarettes.

- Donnez-moi aussi une boîte d'allumettes, **s'il vous plaît.**
  Et une carte postale. Donnez-moi cette vue de Paris avec Notre Dame, l'Île de la Cité et la vue sur la Seine.
- Bien, Monsieur. C'est tout?
- Oui, c'est tout.

- Guten Tag. Sie wünschen?

- Ich möchte bitte ein Päckchen Zigaretten. Ein Päckchen Gauloises.
- Da sind die Zigaretten.

- Geben Sie mir **bitte** auch eine Schachtel Streichhölzer.
  Und eine Postkarte. Geben Sie mir diese Ansicht von Paris mit Notre Dame, der Île de la Cité und den Blick auf die Seine.
- Gut, mein Herr. Das ist alles?
- Ja, das ist alles.

Continuez à parler!

Sprechen Sie weiter!

Je voudrais	**un paquet** de cigarettes,	s'il vous plaît.	Ich möchte bitte	**ein Päckchen** Zigaretten.
	un paquet de Gauloises,			ein Päckchen Gauloises.
	un paquet de Gitanes,			ein Päckchen Gitanes.
	un paquet de tabac,			ein Päckchen Tabak.
	des cigares,			Zigarren.
	du papier à cigarettes,			Zigarettenpapier.
	une pipe anglaise,			eine englische Pfeife.
	des allumettes,			Streichhölzer.
	une carte postale,			eine Postkarte.
	un timbre,			eine Briefmarke.
	trois jetons,			drei Telefonmarken.

Erläuterungen

Un paquet de cigarettes …	Ein Päckchen (von) Zigaretten …
Où est …?	Wo ist …?
un bureau de tabac	ein Tabakladen
regarder	schauen
Regardez	Schauen Sie!
là	da, dort
sur la place	auf dem Platz
vous voyez	Sie sehen
énorme	riesig
le cigare	die Zigarre
rouge	rot
Merci beaucoup/bien.	Vielen Dank.
prendre, vous prenez	nehmen, Sie nehmen
une cigarette française	eine französische Zigarette
Voilà du feu.	Hier ist Feuer.
Bonjour …	Guten Tag …
Je voudrais …	Ich möchte …

Donnez-moi ...!	Geben Sie mir ... !
aussi	**auch**
les allumettes, des allumettes,	die Streichhölzer, Streichhölzer
une boîte d'allumettes	eine Schachtel Streichhölzer
une carte postale	eine Postkarte
cette vue de Paris avec la Seine	diese Ansicht von Paris mit der Seine

un paquet de	tabac	**ein Päckchen** (von)	Tabak
	cigarettes		Zigaretten
	Gauloises		Gauloises
	Gitanes		Gitanes
une boîte d'allumettes		**eine Schachtel** (von) Streichhölzer	

△
Sie wissen bereits, dass nach Begriffen der Menge im Französischen **de** steht.
Vor Vokalen wird **de** zu **d'**.

le timbre, un timbre — die Briefmarke, eine Briefmarke

Zur Aussprache: An vielen Beispielen haben Sie nun schon gesehen, wie man im Französischen Wörter und Sätze betont. Im einzelnen Wort hat die letzte volltönende Silbe den Hauptton, z. B. Paris, merci, cigarette, voilà.

Damit Sie bei Ihrem Bummel durch Paris auch die Bezeichnungen von **Geschäften** verstehen, bringen wir hier eine kleine Zusammenstellung zum Nachschlagen:

TABAC oder **TABACS**	TABAKWAREN
BOULANGERIE	BÄCKEREI
BOUCHERIE	METZGEREI
CHARCUTERIE	WURSTWAREN
ÉPICERIE	LEBENSMITTEL
CRÉMERIE	MILCH UND KÄSE
PÂTISSERIE	KONDITOREI
PHARMACIE	APOTHEKE
LIBRAIRIE	BUCHHANDLUNG
LIBRAIRIE D'OCCASION	ANTIQUARIAT
ALIMENTATION	LEBENSMITTEL
FRUITERIE	OBSTHANDLUNG
PAPETERIE	SCHREIBWAREN

Troisième cassette: fin de la face A — Kassette 3: Ende der A-Seite

Dialogue trente-huit

Vous avez des jetons de téléphone?

Gespräch 38

Haben Sie Telefonmarken?

Brigitte muss dringend telefonieren.
Hören Sie wieder aufmerksam zu und sprechen Sie nach.
Diesmal geht es wieder um die Verneinung.

Écoutez attentivement et répétez, s'il vous plaît!

– Garçon! Garçon!
– Patience! J'arrive, j'arrive! …
Qu'est-ce que c'est, Mademoiselle?
– Où est-ce qu'on téléphone, s'il vous plaît?
– Regardez! Là, à côté de l'entrée.
– Vous avez des jetons de téléphone?
– Non, je n'ai pas de jetons.
On achète les jetons à la caisse.
– Ah bon, merci …

– Un jeton de téléphone, s'il vous plaît.
– Voici, Mademoiselle.

– Herr Ober! Herr Ober!
– Geduld! Ich komme, ich komme schon! …
Was wünschen Sie, mein Fräulein?
– Wo kann (man) ich bitte telefonieren?
– Schauen Sie! Da, neben dem Eingang.
– Haben Sie Telefonmarken?
– Nein, ich habe keine Telefonmarken.
Man verkauft die Telefonmarken an der Kasse.
– Ah gut, danke.

– Bitte eine Telefonmarke.
– Hier, mein Fräulein.

Continuez à parler!

Sprechen Sie weiter!

Bei der Gegenwart von acheter = kaufen gibt es eine kleine Unregelmäßigkeit:

J'**achète**	des jetons de téléphone.
Il achète	des cigarettes.
Nous **achetons**	des allumettes.
Vous achetez	des timbres.

Ich **kaufe**	Telefonmarken.
Er kauft	Zigaretten.
Wir **kaufen**	Streichhölzer.
Sie kaufen, ihr kauft	Briefmarken.

Achten Sie jetzt auf die Verneinung mit **ne … pas**:

Je n'ai pas de jetons.	Ich habe keine Telefonmarken.
Je n'ai pas de timbres.	Ich habe keine Briefmarken.
Je n'ai pas de cigarettes.	Ich habe keine Zigaretten.

Vor einem Vokal steht statt **ne** nur **n'**: je **n'**ai **pas**.

Schauen Sie sich noch diese Beispiele an:

Je n'ai pas d'annuaire de téléphone.	Ich habe kein Telefonbuch.
Je n'ai pas d'argent.	Ich habe kein Geld.
Je n'ai pas de voiture.	Ich habe keinen Wagen.
Je n'ai pas de permis de conduire.	Ich habe keinen Führerschein.
Je n'ai pas de portable.	Ich habe kein Handy.
Je n'ai pas de télécarte.	Ich habe keine Telefonkarte.

Erläuterungen

la patience	die Geduld
arriver	(an)kommen
j'arrive (**je** wird vor Vokalen zu **j'**)	ich komme

Qu'est-ce que c'est? C'est …	**Was ist das? Das ist …**
C'est la Cathédrale Notre-Dame.	Das ist die Kathedrale Notre Dame.

Bei unserem Beispiel hat dieser Ausdruck die Bedeutung *Was ist los? Worum geht es? Was wünschen Sie?*

Où est-ce qu'**on** téléphone?	Wo telefoniert **man**? Wo kann man (ich) telefonieren?
téléphoner, le téléphone	telefonieren, das Telefon

Der Franzose verwendet das Wörtchen **on = man** besonders gern.

à côté de …	**neben …**
le jeton de téléphone	die Telefonmarke
la télécarte	die Telefonkarte

les cigarettes – des cigarettes (*Zigaretten*)
les allumettes – des allumettes (*Streichhölzer*)
les timbres – des timbres (*Briefmarken*)
△
Wenn Sie nicht mehr wissen sollten, warum hier **des** steht, dann schauen Sie bitte bei Gespräch 29 nach.

Dialogue 38

l'annuaire de téléphone	das Telefonbuch
l'argent	das Geld
la voiture	der Wagen
le permis de conduire	der Führerschein
le portable	das Handy

Test

Nun können Sie beweisen, dass Sie Gespräch 37 und 38 mit Erfolg studiert haben.
Setzen Sie die richtigen Präsensformen (Formen der Gegenwart) der angegebenen Verben ein.

Nous .... des allumettes. (acheter)
Pierre .... des cigarettes. (acheter)
Vous .... l'énorme cigare rouge? (voir)
Vous .... des jetons de téléphone? (avoir)
Où est-ce qu'on .... ? (téléphoner)
Vous .... une cigarette française? (prendre)

Wiederholen Sie nun Gespräch 37 und 38 und überprüfen Sie dabei Ihre Testaufgabe.

Dialogue trente-neuf

Gespräch 39

Je resterai deux semaines à Paris

Ich werde zwei Wochen in Paris bleiben

Bei dieser Gesprächseinheit sprechen wir wieder von der vom ***Futur (Zukunft)****.*
Die nahe Zukunft, die mit ***aller*** *(gehen) gebildet wird und vor allem in der Umgangssprache gebraucht wird, haben Sie schon bei Gespräch 32 kennengelernt.*

Écoutez attentivement et répétez, s'il vous plaît!

Hören Sie wieder aufmerksam zu und sprechen Sie nach.

Je **partirai**	samedi prochain.	Ich **werde**	am nächsten Samstag	**fahren.**
Je **resterai**	deux semaines à Paris.	Ich **werde**	zwei Wochen in Paris	**bleiben.**
Je **visiterai**	le Louvre.	Ich **werde**	den Louvre	**besichtigen.**
Je **dînerai**	dans un restaurant de luxe.	Ich **werde**	in einem Luxusrestaurant	**zu Abend essen.**
J'**apprendrai**	le français.	Ich **werde**	Französisch	**lernen.**
Je **partirai**	samedi.	Ich **werde**	am Samstag	**abfahren.**

○

Continuez à parler!

Sprechen Sie weiter!

Das einfache Futur

Einfach heißt es deshalb, weil es im Gegensatz zum Futur mit **aller** nur aus einem Wort besteht.
Als Beispiel für das einfache Futur der Verben auf **-er** dient uns **arriver** (ankommen):

Dialogue 39

J'	**arriverai**	ce soir.	**Ich**	**werde**	heute Abend	**ankommen.**
Tu	arriveras	à vingt heures.	Du	wirst	um zwanzig Uhr	
Il / Elle	arrivera	demain. / après-demain.	Er / Sie	wird	morgen / übermorgen	
Nous	arriverons	lundi.	Wir	werden	am Montag	
Vous	arriverez	mardi.	Ihr	werdet	am Dienstag	
Ils / Elles	arriveront	samedi. / dimanche.	Sie / Sie	werden	am Samstag / am Sonntag	

△

Die **Betonung** liegt auf der **letzten Silbe.**

Erläuterungen

Im Französischen gibt es drei Gruppen von Verben:
- Verben auf -**er** (z. B. rester = bleiben),
- Verben auf -**re** (z. B. apprendre = lernen),
- Verben auf -**ir** (z. B. partir = abfahren).

Das Futur zu bilden ist sehr einfach, **denn alle Verbgruppen haben die gleichen Endungen:**

rester	bleiben	je rester**ai**	ich werde bleiben
visiter	besichtigen	je visiter**ai**	ich werde besichtigen
dîner	speisen	je dîner**ai**	ich werde speisen
apprendre	lernen	j'apprendr**ai**	ich werde lernen
partir	abfahren	je partir**ai**	ich werde abfahren

Übersichten zum einfachen Futur:

Je	rester	ai	deux semaines à Paris. Ich werde zwei Wochen in Paris bleiben usw.
Tu	rester	as	
Il / Elle	rester	a	
Nous	rester	ons	
Vous	rester	ez	
Ils / Elles	rester	ont	

Grundform + Endungen

J'	apprendrai	le français.	Ich werde Französisch lernen usw.
Tu	apprendras		
Il / Elle	apprendra		
Nous	apprendrons		
Vous	apprendrez		
Ils / Elles	apprendront		

△
Bei den Verben auf -**re** fällt das Schluss-e weg.

Je	partir**ai**	samedi.	Ich werde am Sonnabend abfahren usw.
Tu	partir**as**		
Il / Elle	partir**a**		
Nous	partir**ons**		
Vous	partir**ez**		
Ils / Elles	partir**ons**		

Wir haben Sie schon darauf hingewiesen, dass man es im Französischen mit den Zeiten genauer nimmt als im Deutschen. Aber auch der Franzose verwendet in der Umgangssprache gerne das Präsens anstelle des umständlicheren Futurs.
Man verwendet das Futur, z. B. **je serai** (ich werde sein), nach Ausdrücken wie: **demain** (morgen), **ce soir** (heute Abend) ... und immer nach **quand**? (wann?)

Test

Setzen Sie nun die richtige Form des Futurs der angegebenen Verben ein. Vergleichen Sie dann Ihre Lösungen mit den entsprechenden Beispielen auf den vorhergehenden Seiten.

Je .... samedi prochain et je .... deux semaines à Paris. (partir/rester)
Je .... le Louvre et Notre-Dame. (visiter)
Nous .... dans un restaurant de luxe. (dîner)
Nous .... le français. (apprendre)

Étudiez bien et à bientôt! **Lernen Sie fleißig, bis bald!**

Dialogue quarante — Gespräch 40

Vous prendrez ce train? — Werden Sie diesen Zug nehmen?

Jetzt geht es um die Frageform beim Futur und um wichtige Zeitangaben. Hören Sie wieder aufmerksam zu und sprechen Sie mit.

Écoutez bien et répétez, s'il vous plaît!

– Dîneras-tu à la maison?	– Wirst du zu Hause essen?
– Oui, je dînerai à la maison.	– Ja, ich werde zu Hause essen.

In der Umgangssprache gebraucht man diese Frageform wenig.
Der Franzose sagt dafür lieber:

Tu dîneras à la maison? *oder:*
Est-ce que tu dîneras à la maison?

○

– **Dînerez-vous** au restaurant? ▷ – Oui, je dînerai au restaurant.
– Dînera-t-il à l'hôtel? – Non, il **ne** dînera **pas** à l'hôtel, il dînera au self- service.

○

– **Tu prendras** ce train? ▷ – Oui, **je prendrai** ce train.
– Il prendra un taxi? – Oui, il prendra un taxi.
– Vous prendrez ce train? – Non, je **ne** prendrai **pas** ce train, je prendrai un autre train.

○

– **Tu partiras** mardi? ▷ – Oui, **je partirai** mardi.
– Il partira samedi? – Oui, il partira samedi.
– Tu partiras mardi? – Non, je **ne** partirai **pas** mardi, je partirai mercredi.
– Vous partirez samedi? – Non, je **ne** partirai **pas** samedi, je partirai dimanche.

○

Continuez à parler! Sprechen Sie weiter!

Jetzt geht es um wichtige Zeitangaben, wie **Wochentage und Monate**:

lundi, mardi, mercredi, jeudi, vendredi, samedi, dimanche	Montag, Dienstag, Mittwoch, Donnerstag, Freitag, Samstag, Sonntag	WOCHENTAGE

janvier, février, mars, avril, mai, juin, juillet, août, septembre, octobre, novembre, décembre	Januar, Februar, März, April, Mai, Juni, Juli, August, September, Oktober, November, Dezember	MONATSNAMEN

Für das schwierig geschriebene Wort **août** gibt es zwei verschiedene Aussprachemöglichkeiten: entweder ganz einfach [**u**] oder [**ut**].

Encore une fois! Noch einmal!

Erläuterungen

à la maison	zu Hause
à l'hôtel	im Hotel
au restaurant	im Restaurant
au self-service	im Selbstbedienungsrestaurant
le train	der Zug, den Zug
ce train	dieser Zug
un autre train	einen anderen Zug
samedi	Samstag, Sonnabend
dimanche	Sonntag
mardi	Dienstag
hier *(h ist stumm)*	gestern
demain	morgen

Test

1 Suchen Sie die französischen Wörter von drei Wochentagen, die in dieser Wörterbox versteckt sind.

V	E	M	S	A	S	A	M	E
E	S	T	A	M	A	L	A	Z
N	I	L	U	S	M	A	R	N
D	R	O	M	E	E	F	T	A
R	L	M	A	R	D	I	L	S
E	U	P	R	O	I	L	U	N
S	N	O	L	K	M	E	R	S
E	D	R	O	S	A	B	I	O
D	I	M	N	E	N	E	U	F

Die Lösung finden Sie im Lösungsteil im Anhang.

2 Schreiben Sie weiter!

lundi . . . . dimanche

3 Beantworten Sie nun diese Fragen.

Tu prendras ce train? Oui, ………………….
Il prendra un taxi? Oui, ………………….
Vous partirez samedi? Non, ………………….
Est-ce que tu dîneras à la maison? Oui, ………………….
Dînera-t-il à l'hôtel? Non, ………………….

Alle Antworten dieser Testaufgabe finden Sie im vorhergehenden Text.

Dialogue quarante et un

Gespräch 41

À Nice il fait beau temps

In Nizza ist schönes Wetter

Im sonnigen Süden scheint die Sonne und im Norden, in Paris, regnet es.
Hören Sie gut zu, damit Sie beim Smalltalk über das Wetter mitreden können.

Wir beschäftigen uns dabei mit ***quel, quelle,*** *für welcher, welche, welches und mit der Präposition in:*
in Paris – ***à Paris,*** *in Frankreich –* ***en France.***

Écoutez attentivement, s'il vous plaît!

– Quel temps fait-il à Paris?
– À Paris, il pleut.

– Il fait froid.
du brouillard.
du vent.
mauvais temps.

– Et il continue à faire mauvais.
– Et ici à Nice il fait beau temps.
– Il fait chaud et il fait du soleil.
– Et il continue à faire beau.

Hören Sie aufmerksam zu, bitte!

– Wie ist das Wetter in Paris?
– In Paris regnet es.

– Es ist (*macht*) kalt.
neblig.
windig.
schlechtes Wetter.

– Und es bleibt schlecht.
– Und hier in Nizza ist schönes Wetter.
– Es ist warm und sonnig.
– Und es bleibt schön.

Erläuterungen

Il fait beau temps. Es ist schönes Wetter.
Im Französischen sagt man also: es **macht** schönes Wetter, es **macht** warm usw.

il fait	es macht, er macht
Frageform: **fait-il** ...?	
ici à Nice	hier in Nizza
continuer	fortfahren
Il continue à faire beau.	Es bleibt schön (*fährt fort zu machen*).

Für **welcher**(e, es) oder **was für ein**(e) sagt man vor männlichen Wörtern **quel** ...? und vor weiblichen **quelle** ...?

le temps – **quel** temps ...?	das Wetter – **welches** Wetter ...?
la robe – **quelle** robe ...?	das Kleid – **welches** Kleid ...?

à Paris, à Nice, à Cannes	*in* vor Städtenamen **à**,
en France, en Allemagne	*in* vor Ländernamen meist **en**
en France	in Frankreich
en Allemagne	in Deutschland

Encore une fois!

Noch einmal!

Dialogue quarante-deux Gespräch 42

Dans les grands magasins / Im Kaufhaus

Gehen Sie heute mit uns in eines der großen Pariser Kaufhäuser. ***Les Galeries Lafayette*** *und* ***Le Printemps*** *in der Innenstadt oder* ***La Samaritaine*** *an der Seine sind immer einen Besuch wert. Übrigens haben Sie von den Dachterrassen der Kaufhäuser* ***La Samaritaine*** *und* ***Lafayette*** *einen herrlichen Blick über die Stadt.*

Aber jetzt zu unseren Einkäufen: Wir kaufen eine **rote** *oder* ***schwarze*** *Krawatte und eine* ***schwarze*** *Bluse. Und damit sind wir wieder bei den* ***Adjektiven****. Sie wissen ja, diese müssen in* ***Geschlecht*** *und* ***Zahl mit dem dazugehörigen Substantiv übereinstimmen.***

Hören Sie wieder aufmerksam zu und sprechen Sie nach.

Alors, écoutez bien, s'il vous plaît!

– Vous désirez, Madame?
– Une cravate pour mon mari.
– Choisissez, Madame!
Cette cravate rouge est très belle.
Ou **peut-être** cette cravate grise?
– J'aime
cette cravatte noir.

– Bien, Madame.

– Sie wünschen, Madame?
– Eine Krawatte für meinen Mann.
– Wählen Sie, Madame!
Diese rote Krawatte ist sehr schön.
Oder **vielleicht** diese graue Krawatte?
– Mir gefällt (*Ich mag gern*)
diese schwarze Krawatte.

– Gut, Madame.

○

– Désirez-vous autre chose?
– Oui, Monsieur, un chemisier.
– Pour vous, Madame?
– Oui, Monsieur.
– Un chemisier noir? Regardez, Madame.
Vous aimez ce chemisier?
– Oui, ce chemisier est beau, très beau.

– Wünschen Sie sonst noch etwas?
– Ja, mein Herr, eine Bluse.
– Für Sie, Madame?
– Ja, mein Herr.
– Eine schwarze Bluse? Schauen Sie, Madame.
Gefällt Ihnen diese Bluse?
– Ja, diese Bluse ist schön, sehr schön.

○

Continuez à parler!

Sprechen Sie weiter!

Désirez-vous autre chose?

Wünschen Sie sonst noch etwas?

Sie lernen jetzt die wichtigsten Farben kennen:

männlich		weiblich	
Un pardessus	vert.	Une cravate	verte.
Un costume	bleu.	Une robe	bleue.
Un foulard	gris.	Une chemise	grise.
Un pantalon	rouge.	Une jupe	rouge.
Un négligé	blanc.	Une casquette	blanche.
Un négligé	français.	Une casquette	française.

△ △

Satzstellung: Vor allem **Farben** und andere unterscheidende Merkmale, wie **Nation** und **Religion** werden **hinter das Hauptwort** gestellt.

Einen	grünen	Mantel.	Eine	grüne	Krawatte.
Ein	blaues	Kostüm.	Ein	blaues	Kleid.
Ein	graues	Halstuch.	Ein	graues	Hemd.
Eine	rote	Hose.	Einen	roten	Rock.
Einen	weißen	Morgenrock.	Eine	weiße	Mütze.
Einen	französischen	Morgenrock.	Eine	französische	Mütze.

○

Jetzt stehen Substantiv und Adjektiv im Plural:

Les costumes sont	**noirs.** **verts.**
Les blouses sont	**noires.** **vertes.**

Die Adjektive richten sich in Geschlecht und Zahl nach dem Substantiv, zu dem sie gehören.

○

Jetzt hören Sie eine Reihe von **Adjektiven** in der **männlichen** und **weiblichen** Form.

Die **weibliche** Form wird im Allgemeinen durch das Anhängen eines -e gebildet. Dieses Schluss-e ist zwar stumm, es bewirkt aber, dass der Endkonsonant gesprochen wird.

Écoutez et répétez, s'il vous plaît!

froid	**froide**	(kalt)
chaud	**chaude**	(heiß)
mauvais	**mauvaise**	(schlecht)
fort	**forte**	(stark)
petit	**petite**	(klein)
grand	**grande**	(groß)
lent	**lente**	(langsam)
rond	**ronde**	(rund)
clair	**claire**	(hell)
court	**courte**	(kurz)

haut	**haute**	(hoch)
gris, noir	**grise, noire**	(grau, schwarz)
bleu, vert	**bleue, verte**	(blau, grün)

Dieser Schilder finden Sie im Kaufhaus *Les Galeries Lafayette*:

Très bon marché!

Sonderangebot!
(Sehr billig!)

Veuillez payer vos achats
avant de quitter l'étage.
Contrôle électronique à la sortie!

Wollen Sie bitte Ihre Einkäufe bezahlen,
bevor Sie das Stockwerk verlassen.
Elektronische Kontrolle am Ausgang!

Et voilà! À la prochaine!

Und dann bis zum nächsten Mal!

Erläuterungen

le magasin	der Laden
les grands magasins	das Kaufhaus
désirer	wünschen
vous désirez?	Sie wünschen?
la cravate	die Krawatte
le mari	der Ehemann
choisir	wählen
choisissez!	wählen Sie! wählt!
peut-être	vielleicht
gris, grise	grau
noir, noire	schwarz
regarder	betrachten
regardez!	betrachten Sie!
le pardessus	der Mantel
le chapeau	der Hut
le costume	der Anzug, das Kostüm
la blouse	die Bluse, der Kittel
le chemisier	die (Hemd-)Bluse
la robe	das Kleid
la chemise	das Hemd
vert, verte	grün
bleu, bleue	blau
gris, grise	grau
blanc, blanche	weiß
français, française	französisch

rouge rot
Adjektive, die auf -e enden, lauten in der männlichen und weiblichen Form gleich.

Im Wort **magasin** haben wir einen Nasallaut, nämlich den Laut [ã].
Wiederholen Sie hierzu noch einmal das Aussprachetraining zu den Nasalen (Gespräch 11).

Test

In dieser Wörterbox sind die französischen Wörter für *groß, Geschäft, Kleid* und *Dame* enthalten. Versuchen Sie, diese zu finden – nicht ganz einfach, denn ein Wort läuft diagonal.

M	M	A	G	R	A	N
M	A	R	G	O	N	T
A	D	G	R	B	I	H
C	A	D	A	E	B	E
E	M	I	N	S	K	A
R	E	L	D	O	I	S
B	R	U	L	S	O	N

Die Lösung finden Sie im Lösungsteil im Anhang.

Et voilà! À la prochaine!

Und dann bis zum nächsten Mal!

Dialogue quarante-trois

Gespräch 43

Est-ce que je peux payer par carte bancaire?

Kann ich mit Geldkarte bezahlen?

Wir sind noch im Kaufhaus und fragen nach verschiedenen Preisen. Dabei wiederholen wir die Zahlen bis 20 und zählen dann weiter bis 60. Hören Sie wieder aufmerksam zu und sprechen Sie nach.

Écoutez bien et répétez, s'il vous plaît!

Hören Sie bitte gut zu und wiederholen Sie!

– C'est combien le chemisier?
le négligé français?
la casquette blanche?
les foulards?
les chemises?
la jupe bleue?
les robes?

C'est combien ...?	Wie viel **kostet** ... Wie viel **kosten** ...

– C'est combien le chemisier?
Cinquante euros?
– Oui. C'est un chemisier très élégant,
un modèle fantaisie.
– Bon, je prends le chemisier.
Est-ce que je peux payer par carte bancaire?
– Mais certainement.
– Voici ma carte et mon passeport ...
– Au revoir, Madame. Au revoir.
Au revoir et merci.

– Wie viel kostet die Bluse?
Fünfzig Euro?
– Ja. das ist eine sehr elegante Bluse,
ein modisches Modell.
– Gut, ich nehme die Bluse.
Kann ich mit Geldkarte bezahlen?
– Aber selbstverständlich.
– Hier ist meine Karte und mein Pass ...
– Auf Wiedersehen, Madame.
Auf Wiedersehen und danke.

Continuez à parler!

Sprechen Sie weiter!

Zählen Sie mit uns von 20 bis 60!

Écoutez bien et répétez, s'il vous plaît!

vingt	20	**trente**	30	**quarante**	40	**cinquante**	50
vingt et un	21	**trente et un**	31	**quarante et un**	41	**cinquante et un**	51
vingt-deux	22	**trente-deux**	32	**quarante-deux**	42	**cinquante-deux**	52
vingt-trois	23	**trente-trois**	33	**quarante-trois**	43	**cinquante-trois**	53
vingt-quatre	24	**trente-quatre**	34	**quarante-quatre**	44	**cinquante-quatre**	54
vingt-cinq	25	**trente-cinq**	35	**quarante-cinq**	45	**cinquante-cinq**	55
vingt-six	26	**trente-six**	36	**quarante-six**	46	**cinquante-six**	56
vingt-sept	27	**trente-sept**	37	**quarante-sept**	47	**cinquante-sept**	57
vingt-huit	28	**trente-huit**	38	**quarante-huit**	48	**cinquante-huit**	58
vingt-neuf	29	**trente-neuf**	39	**quarante-neuf**	49	**cinquante-neuf**	59
						soixante	60

Erläuterungen

Mit Ausnahme von **eins** sind die Zahlen im Französischen **unveränderlich.** Vor männlichen Wörtern heißt ein(e) **un** und vor weiblichen **une:**
le café – **un** café
la bière – **une** bière

Sprechen Sie jetzt mit!

Übernehmen Sie wieder eine Sprechrolle, entweder die von Brigitte, der Käuferin, oder die von Pierre, dem Verkäufer.

Trainieren Sie anschließend mit den Zahlen. Sagen Sie möglichst ganze Sätze:
C'est vingt euros, c'est trente euros, c'est soixante euros …
Die Zahlen prägen sich dadurch leichter ein.

Test

1 Schreiben Sie weiter!
quarante . . . . cinquante

2 Wiederholungstest

Schreiben Sie in die Lücken die fehlenden Wörter.

– Qu'est-ce que vous . . . . ?
– D'abord un potage, et puis un bifteck avec . . . . frites, et puis . . . . salade.
– Et comme dessert?
. . . . fruits ou . . . . fromage?
Vous buvez . . . . vin?
. . . . vin rouge?
Vous prenez . . . . eau minérale?

Die Lösung finden Sie im Gespräch 31.

Dialogue quarante-quatre

Gespräch 44

Parlez-vous français?

Sprechen Sie Französisch?

*Diese Frage ist Ihnen bestimmt bekannt und damit kennen Sie schon eine wichtige Form des **Präsens** (der Gegenwart). Wie Sie schon wissen, enden die regelmäßigen Verben auf **-er**, **-re** oder **-ir**. Wir sprechen jetzt über das **Präsens** der am meisten vorkommenden Verben auf **-er** anhand von **parler** (sprechen).*
Hören Sie zu und sprechen Sie sofort mit.

Écoutez bien et répétez, s'il vous plaît!

– Parlez-vous français?	– Sprechen Sie Französisch?
– Oui, je parle français.	– Ja, ich spreche Französisch.
– Parlez-vous allemand?	– Sprechen Sie Deutsch?
– Oui, je parle allemand.	– Ja, ich spreche Deutsch.
– Parlez-vous anglais?	– Sprechen Sie Englisch?
– Oui, je parle anglais.	– Ja, ich spreche Englisch.

○

je	parle	Die Endungen	ich	spreche
tu	parles	-e und -es werden	du	sprichst
il	parle	nicht gesprochen!	er	spricht
elle	parle	Man sagt nur [parl].	sie	spricht
vous	parlez		Sie	sprechen/ihr sprecht

○

So lernen Sie am schnellsten, Französisch zu sprechen: Prägen Sie sich zunächst nur diese Formen ein:
je parle, tu parles, il/elle parle.
Dazu können Sie sich noch merken *on parle* ... (man spricht ...):

On parle	français.	Man spricht	Französisch.
	allemand.		Deutsch.
	anglais.		Englisch.
	italien.		Italienisch.

○

Continuez à parler! — Sprechen Sie weiter!

Trainieren Sie jetzt mit den folgenden **Fragen und Antworten**, die alle wichtige Verben auf **-er** enthalten.

désirer = wünschen

– Que désirez-vous?	– Was wünschen Sie?
Qu'est-ce que vous désirez?	Was wünschen Sie? (*Was ist es, das Sie wünschen?*)
Vous désirez?	Sie wünschen?
– Un plan de la ville.	– Einen Stadtplan.

chercher = suchen

– Que cherches-tu?	– Was suchst du?
Qu'est-ce que tu cherches?	Was suchst du?
– Je cherche mon passeport.	– Ich suche meinen Pass.

regarder = betrachten, anschauen

– Que regardez-vous?	– Was betrachten Sie?
Qu'est-ce que vous regardez?	Was betrachten Sie?
– Je regarde le plan de la ville.	– Ich betrachte den Stadtplan.

aimer = lieben

J'aime cette ville superbe.	Ich liebe diese prächtige Stadt.

étudier = studieren

J'étudie le français.	Ich studiere Französisch (*das Französische*).

je wird vor Vokalen zu j'…

Auch die **Verneinung** ist einfach zu bilden:

je parle –	je **ne** parle **pas**	ich spreche nicht
il parle –	il **ne** parle **pas**	er spricht nicht
vous parlez –	vous **ne** parlez **pas**	Sie sprechen nicht, ihr sprecht nicht

Bei der Verneinung wird das Verb von **ne … pas** umschlossen.

Erläuterungen

Übersicht zum Präsens der Verben auf **-er** (**chercher** – suchen)
Die Endung **-er** des Infinitivs (Grundform) wird weggelassen und durch diese Endungen ersetzt:

je	cherch	e	ich suche
tu	cherch	es	du suchst
il	cherch	e	er sucht
nous	cherch	ons	wir suchen
vous	cherch	ez	ihr sucht, Sie suchen
ils	cherch	ent	sie suchen

Was ...?
Que ...? oder **Qu'est-ce que ...?**
Bei der Fragestellung nimmt man gern *Qu'est-ce que ...?*, weil man dann den Satz nicht umstellen muss, sondern die **regelmäßige** Wortfolge nehmen kann: *Qu'est-ce que vous désirez?* (Was ist es, das Sie wünschen?).

Es gibt noch eine dritte Art, um Fragen auszudrücken:
Vous désirez? Vous cherchez? ...Hier drückt der **Tonfall** die Frage aus.

vous parlez → ihr sprecht
→ Sie sprechen

Test

1 Beantworten Sie nun die folgenden Fragen:

Parlez-vous français ? Oui, ...
Non, ...
Parlez-vous anglais ? Oui, ...
Que regardez-vous ? Je .... le plan de la ville,
Que cherches-tu ? Je .... mon passeport.

2 Sie lesen nun die Antworten und sollen die Fragen auf zwei Arten schreiben:
.... ? Je cherche mon passeport.
.... ?
.... ? Je regarde le plan de la ville.
.... ?

Die Lösungen stehen im vorhergehenden Text.

Troisième cassette: fin de la face B **Kassette 3: Ende der B-Seite**

Dialogue quarante-cinq

Dans une boutique de disques

Gespräch 45

In einem Plattenladen

Wir gehen jetzt mit Brigitte und ihrer Freundin in einen Plattenladen und wählen eine CD aus. Und damit sind wir schon beim Verb ***choisir****, mit dem wir uns anschließend beschäftigen.*

Zunächst aber zu unserem Gespräch im Plattenladen. Hören Sie aufmerksam zu und sprechen Sie nach.

Écoutez attentivement, s'il vous plaît!

– Bonjour, Mesdames.
– Nous voulons choisir un disque.
– Quel genre de disque?
Moderne ou classique?
– Moderne.
– Asseyez-vous, Mesdames.
Il faut écouter plusieurs disques pour choisir.
Voici quelque chose de moderne ...
– Non, ça ne me plaît pas.
– Moi non plus.
– Voici autre chose.

–Oh, ça c'est bon. Tu aimes ce disque aussi?
–Bien sûr, il est ravissant.
–Monsieur! ...
–Mesdames?
–Eh bien, je choisis ce disque.

–Bien, Mademoiselle, vous choisissez ce disque.

Hören Sie bitte aufmerksam zu!

– Guten Tag, meine Damen.
– Wir wollen eine CD auswählen.
– Was für eine (*Welche Art von*) CD?
Modern oder klassisch?
– Modern.
– Nehmen Sie Platz, meine Damen.
Man muss sich mehrere CDs anhören, um auszuwählen.
Hier ist etwas Modernes ...
– Nein, das gefällt mir nicht.
– Mir auch nicht.
– Hier ist etwas anderes.

– Oh, das ist gut. Magst du diese Platte auch?
– Sicher, sie ist toll.
– Mein Herr! ...
– Meine Damen?
– Nun, ich wähle diese Platte.

– Gut, mein Fräulein, Sie wählen diese Platte.

Continuez à parler!

Sprechen Sie weiter!

Am Beispiel **choisir** (wählen, auswählen) sehen Sie, wie das **Präsens** der **Verben auf -ir** gebildet wird. Von den Verben auf **-ir** gibt es nur wenige, z. B. *partir* (abreisen) oder *finir* (beenden).

Je	choisis	ce disque.
Elle	choisit	ce disque moderne.

Ich	wähle	diese CD.
Sie	wählt	diese moderne CD.

○

Nous choisissons une robe noire.
Ils choisissent une robe noire.

Wir wählen ein schwarzes Kleid.
Sie wählen ein schwarzes Kleid.

○

Und hier eine **Zusammenstellung zum Nachschauen**:

je	choisis	*Gleiche Aussprache!*	nous	choisissons
tu	choisis		vous	choisissez
il	choisit		ils	choisissent

ich	wähle	wir	wählen
du	wählst	ihr	wählt, Sie wählen
er	wählt	sie	wählen

○

Gegenwart der Verben auf **-re** anhand des Beispiels **vendre** – verkaufen:

Je	vend	s	un	studio à Paris.
Tu	vend	s	une	maison à Toulouse.
Il	vend	–	une	voiture neuve.
Nous	vend	ons	une	villa plus garage et jardin.
Vous	vend	ez	un	restaurant près de Paris.
Ils	vend	ent	un	hôtel en Italie.

Ich verkaufe ...	ein	Studio (Einzimmerappartement) in Paris.
	ein	Haus in Toulouse.
	einen	neuen Wagen.
	eine	Villa mit Garage und Garten (Landhaus).
	ein	Restaurant in der Nähe von Paris.
	ein	Hotel in Italien.

○

Erläuterungen

Il faut …	**Man muss …**
écouter	(an)hören, zuhören
plusieurs disques	**mehrere** Platten
pour choisir	um zu wählen, um auszuwählen
ça me plaît	das gefällt mir
ça **ne** me plaît **pas**	das gefällt mir **nicht**
quelque chose	etwas
voici autre chose	**hier ist** etwas anderes
c'est bon	das (die) ist gut
aimer	lieben, gern haben, mögen
ravissant	entzückend, bezaubernd, toll

bien	gut, wohl, schön
très bien	sehr gut
eh bien!	nun gut!

la boutique	das Geschäft
le disque	die (Schall)Platte, die Disc, die CD
Madame – Mesdames	meine Dame – meine Damen
nous voulons	wir wollen
choisir	(aus)wählen
Quel genre de …?	**Welche** Art von? Was für ein(e) …?
Asseyez-vous!	Setzen Sie sich! Nehmen Sie Platz!
plus [plü]	mehr
plus [plüs]	plus, und, außerem
neuf, neuve	neu
une voiture neuve	ein neuer Wagen

Test

Nachdem Sie die Gespräche 44 und 45 gründlich studiert haben, sollen Sie nun diese Sätze verneinen:

1 Je parle français. ....

2 Nous parlons français. ....

3 Pierre vend sa maison. ....

4 Brigitte choisit un disque moderne. ....

5 Nous choisissons un disque classique. ....

6 On parle allemand. ....

7 Nous cherchons un hôtel près de la gare. ....

8 J'aime cette ville moderne. ....

Die Lösung finden Sie im Lösungsteil im Anhang.

Dialogue quarante-six

Gespräch 46

Parlez plus lentement, s'il vous plaît!

Sprechen Sie bitte langsamer!

Bei diesem Gespräch lernen Sie, wie man im Französischen den ***Imperativ (Befehlsform) der Verben*** *bildet. Hören Sie wieder aufmerksam zu und sprechen Sie nach!*

Écoutez bien et répétez, s'il vous plaît!

Parlez!	Sprechen Sie!
Parlez plus lentement!	Sprechen Sie langsamer!
Parlez un peu plus lentement, s'il vous plaît!	Sprechen Sie (ein wenig) etwas langsamer bitte!
○	
Excusez!	Entschuldigen Sie! Entschuldigung!
Excusez, s'il vous plaît!	Entschuldigen Sie bitte!
Excusez-moi, s'il vous plaît!	Entschuldigen Sie mich bitte!
Montrez-moi ..., s'il vous plaît!	Zeigen Sie mir bitte ...!
○	
Donnez-moi ..., s'il vous plaît!	Geben Sie mir bitte ...!
Donnez-moi aussi ...!	Geben Sie mir auch ...!
Réparez ..., s'il vous plaît!	Reparieren Sie bitte ...!
○	
Payez à la caisse!	Bezahlen Sie an der Kasse!
Payez ici!	Bezahlen Sie hier!
Appelez un taxi, s'il vous plaît!	Rufen Sie bitte ein Taxi!
Entrez!	Treten Sie ein! Herein!
Restez là!	Bleiben Sie da!
Écoutez!	Hören Sie!
○	
Passez-moi ..., s'il vous plaît!	Reichen Sie mir bitte ...!
Réveillez-moi demain à six heures!	Wecken Sie mich morgen um sechs Uhr!
POUSSEZ! TIREZ!	DRÜCKEN! ZIEHEN!
○	

Allez plus lentement! / plus vite!	Fahren (Gehen) Sie langsamer! / schneller!
Aidez-moi, s'il vous plaît!	Helfen Sie mir bitte!
Attendez un peu!	**Warten** Sie ein wenig!
Attendez piétons!	Fußgänger warten! (*Warten Sie Fußgänger!*)
Répondez, s'il vous plaît!	Antworten Sie bitte!
Choisissez !	Wählen Sie!
Finissez!	Hören Sie auf! (*Beenden Sie!*)
Prenez le métro! / l'autobus! / la première rue à droite!	**Nehmen Sie** die U-Bahn! / den Bus! / die erste Straße rechts!

Continuez à parler! — Sprechen Sie weiter!

Wenn Sie sich selbst bei der Aufforderung mit einschließen, dann sagen Sie z. B. **Allons!** – Gehen wir! oder **Attendons!** – Warten wir!
Sie sehen, diese Aufforderung wird von **nous allons** (wir gehen) abgeleitet.

nous	allons	– allons!	wir	gehen	– gehen wir! lasst uns gehen!
nous	attendons	– attendons!	wir	warten	– warten wir! lasst uns warten!
nous	choisissons	– choisissons!	wir	wählen	– wählen wir! lasst uns wählen!
nous	prenons	– prenons!	wir	nehmen	– nehmen wir! lasst uns nehmen!

Der Ausdruck: **Allons!** wird in der Umgangssprache sehr häufig gebraucht und kann bedeuten: *Los! Nun! Na, ja! Hören Sie mal!*

Erläuterungen

So einfach ist es, im Französischen den Imperativ zu bilden: Sie nehmen die Personalform der 2. Person Plural (**vous**) im Präsens.

Diese Regel gilt für alle Gruppen regelmäßiger Verben (auf **-er**, **-re**, **-ir**) und auch für die unregelmäßigen (als Beispiel hier: **prendre** – nehmen).

Écoutez attentivement et répétez, s'il vous plaît!

parler:	vous parlez	– **parlez!**
attendre:	vous attendez	– **attendez!**
choisir:	vous choisissez	– **choisissez!**
prendre:	vous prenez	– **prenez!**

sprechen:	Sie sprechen	– **sprechen Sie!**	(sprecht!)
warten:	Sie warten	– **warten Sie!**	(wartet!)
wählen:	Sie wählen	– **wählen Sie!**	(wählt!)
nehmen:	Sie nehmen	– **nehmen Sie!**	(nehmt!)

Damit Sie auch Ihren Partner oder Ihre Freunde auffordern können, hier noch ein Hinweis zur **du-Form**:

parler:	**parle!**	(je parle)
attendre:	**attends!**	(j'attends)
choisir:	**choisis!**	(je choisis)
finir:	**finis!**	(je finis)
sprechen:	**sprich!**	(ich spreche)
warten:	**warte!**	(ich warte)
wählen:	**wähle!**	(ich wähle)
beenden:	**beende!**	(ich beende)

Et voilà! À la prochaine!

Also! Bis zum nächsten Mal!

Hier die Infinitive der im Gespräch verwendeten Verben:

parler	sprechen	payer	(be)zahlen
excuser	entschuldigen	appeler	rufen
montrer	zeigen	entrer	eintreten
donner	gehen	écouter	(zu)hören
réparer	reparieren	rester	bleiben
passer	*hier:* reichen, herüberreichen	aider	helfen
réveiller	wecken	attendre	warten
pousser	drücken, stoßen	répondre	antworten
tirer	ziehen	choisir	wählen
aller	gehen, fahren	finir	(be)enden
		prendre	nehmen

Test

Schreiben Sie nun den Imperativ der angegebenen Verben.

parler:	……… plus lentement, s'il vous plaît!
payer:	……… à la caisse!
appeler:	……… un taxi, s'il vous plaît!
excuser:	……… s'il vous plaît!
attendre:	……… un peu!
aider:	……… -moi, s'il vous plaît!
prendre:	……… le métro!
réparer:	……… le vélo (Fahrrad), s'il vous plaît!
passer:	……… -moi le pain, s'il vous plaît!

Alle Imperative, die Sie einsetzen sollten, stehen in diesem Gespräch. Korrigieren Sie sorgfältig und prägen Sie sich diese wichtigen Sätze auch ein.

Dialogue quarante-sept

À la banque

Gespräch 47

Auf der Bank

Sie gehen zur Bank, um einen Reisescheck einzulösen und lassen Geld wechseln. Anschließend beschäftigen wir uns mit den Zahlen von siebzig bis hundert
Hören Sie wieder aufmerksam zu und sprechen Sie nach.

Écoutez attentivement et répétez, s'il vous plaît!

– Je désire encaisser ce chèque de voyage.
– Votre passeport, s'il vous plaît.
– Voici le passeport.
– Merci. Et signez ici, s'il vous plaît.
– De plus, je désire changer cent francs suisses.
– Bien, Mademoiselle. Allez à la caisse, s'il vous plaît ...
– Donnez-moi aussi un peu de monnaie, s'il vous plaît.

– Ich möchte diesen Reisescheck einlösen.
– Ihren Pass, bitte.
– Hier ist der Pass.
– Danke. Unterschreiben Sie bitte hier.
– Außerdem möchte ich hundert Schweizer Franken umwechseln.
– Gut, mein Fräulein. Gehen Sie bitte zur Kasse ...
– Geben Sie mir auch bitte etwas (*ein wenig*) Kleingeld.

Continuez à parler!

Sprechen Sie weiter!

Zählen Sie mit uns von 70 bis 100!

Die Zahlen bis 60 kennen Sie ja schon (Gespräch 43).
Sollten Sie diese nicht mehr sicher aufsagen können, dann sollten Sie sie vorher wiederholen.

Ab der Zahl 70 müssen Sie besonders aufpassen:

Comptez avec nous!

70	soixante-dix	86	quatre-vingt-six
71	**soixante et onze**	87	quatre-vingt-sept
72	soixante-douze	88	quatre-vingt-huit
73	soixante-treize	89	quatre-vingt-neuf
74	soixante-quatorze	90	quatre-vingt-dix
75	soixante-quinze	91	**quatre-vingt-onze**
76	soixante-seize	92	quatre-vingt-douze
77	soixante-dix-sept	93	quatre-vingt-treize
78	soixante-dix-huit	94	quatre-vingt-quatorze
79	soixante-dix-neuf	95	quatre-vingt-quinze
80	quatre-vingt(s)	96	quatre-vingt-seize
81	**quatre-vingt-un**	97	quatre-vingt-dix-sept
82	quatre-vingt-deux	98	quatre-vingt-dix-huit
83	quatre-vingt-trois	99	quatre-vingt-dix-neuf
84	quatre-vingt-quatre	100	cent
85	quatre-vingt-cinq	101	cent un

Merken Sie sich:
- Bis 60 gibt es eigene Zehnerzahlen.
- Ab **70** wird zusammengesetzt: 70 = 60+10; 73 = 60+13 usw.
- Die Zahl **71** wird wie **61** (usw.) mit et gebildet: **soixante et un** (61), **soixante et onze** (71).
- Für die Zahl **80** sagt der Franzose: *vier-zwanzig:* **quatre-vingts**; für **81**: *vier-zwanzig-eins,* für **82**: *vier-zwanzig-zwei* usw.
- Beachten Sie besonders: **quatre-vingts** hat kein **s**, wenn eine weitere Zahl folgt: **quatre-vingt-un, quatre-vingt-deux** usw.
- Ab **100** wird es wieder einfach: **cent un** (101), **cent deux** (102), **cent trois** (103) usw.

Continuez à parler!

Je désire changer	**cent**	euros.	(100)
	deux cents		(200)
	deux cent dix		(210)
	deux cent vingt		(220)
	deux cent trente		(230)
	deux cent quarante		(240)
	deux cent cinquante		(250)
	deux cent soixante		(260)
	trois cents		(300)
	quatre cents		(400)
	mille		(1000)
	deux mille		(2000)

Sprechen Sie weiter!

Ich möchte wechseln lassen ... Euro.

△

cent = hundert erhält ein Mehrzahl-s, wenn danach unmittelbar ein Substantiv in der Mehrzahl folgt.
Folgt nach **cent** eine andere Zahl, dann erhält es **kein Mehrzahl-s.**
mille = tausend erhält **nie ein Mehrzahl-s.**

Je désire changer
cent francs suisses.

Ich möchte
hundert Schweizer Franken **wechseln lassen.**

Erläuterungen

le chèque	der Scheck
le chèque de voyage	der Reisescheck
encaisser un chèque	einen Scheck einlösen
changer en euros	**wechseln in** Euro
le franc suisse	der Schweizer Franken
de plus ...	außerdem ...
la monnaie	das Kleingeld
un peu de ...	**ein wenig ..., etwas ...**
signer	unterschreiben
signez!	unterschreiben Sie! unterschreibt!

Dialogue quarante-huit

Gespräch 48

Quelle heure est-il maintenant?

Wie viel Uhr ist es jetzt?

Hier geht's also wieder um die Uhrzeit. Sie wissen bereits, wie man die vollen Stunden ausdrückt. Jetzt nehmen wir es genauer!

Écoutez bien et répétez!

Il est	**Es ist**
une heure	ein Uhr
une heure **cinq**	ein Uhr **fünf**
une heure **dix**	ein Uhr **zehn**
une heure et **quart**	**Viertel nach** eins
une heure **vingt**	ein Uhr **zwanzig**
une heure **vingt-cinq**	ein Uhr **fünfundzwanzig**
une heure **et demie**	**halb** zwei

Bis hierher wird hinzugezählt.

---

*Ab hier wird abgezogen (**moins – weniger**).*

deux heures moins **vingt-cinq**	25 Minuten vor zwei
deux heures **moins** vingt	20 Minuten **vor** zwei
deux heures **moins** le quart	Viertel **vor** zwei
deux heures **moins** dix	10 Minuten **vor** zwei
deux heures **moins** cinq	5 Minuten **vor** zwei
deux heures précises	zwei Uhr genau

Erläuterungen

Beachten Sie besonders:
Viertel nach und **halb** gehören zur alten, vollendeten Stunde und **Viertel vor** gehört zur jetzigen, noch nicht vollendeten Stunde. Entsprechend wird auch mit den Minuten verfahren.

Statt **une heure et quart** sagt man auch **une heure un quart**.

Man kann die Uhrzeiten auch so ausdrücken:
une heure trente (1 h 30)
une heure quarante (1 h 40) usw.

Anstelle von **douze heures** sagt man **midi** (Mittag) bzw. **minuit** (Mitternacht):
Il est midi. Il est minuit.

Test

Schreiben Sie bitte die folgenden Uhrzeiten:

1 (9.05) ....
2 (9.10) ....
3 (9.15) ....
4 (9.30) ....
5 (9.40) ....
6 (9.45) ....
7 (9.50) ....
8 (9.55) ....
9 (10.00) ....

Die Lösung finden Sie im Lösungsteil im Anhang.

Dialogue quarante-neuf — Gespräch 49

À la gare — Am Bahnhof

Bevor Ihr Zug abfährt, haben Sie Zeit, die vielen Hinweisschilder zu studieren.

Écoutez et répétez, s'il vous plaît!

Hören Sie zu und wiederholen Sie, bitte!

INFORMATION

Auskunft

BILLETTERIE AUTOMATIQUE

Fahrkartenautomat

DÉPART – ARRIVÉE

Abfahrt – Ankunft

SORTIE

Ausgang

TAXI

Taxi

BILLETS

Fahrkarten

BILLETS BANLIEUE

Fahrkarten (für den) Nahverkehr

BILLETS GRANDES LIGNES

Fahrkarten (für den) Fernverkehr

RÉSERVATION

Reservierung

TGV

Hochgeschwindigkeitszug

DÉPART GRANDES LIGNES

Abfahrt Fernverkehr

SALLE D'ATTENTE

Wartesaal

QUAI II

Bahnsteig II

MÉTRO

U-Bahn

RER

S-Bahn

DÉPART BANLIEUE

Abfahrt Nahverkehr

VOIE

Gleis

WAGON-RESTAURANT

Speisewagen

GUICHET

Schalter

CONSIGNE

Gepäckaufbewahrung

BUFFET

Bahnhofsgaststätte

CONSIGNE AUTOMATIQUE

Schließfächer

BUVETTE

Erfrischungsraum

PASSAGE SOUTERRAIN
Unterführung

TABAC – CADEAUX
Tabak – Geschenke

WAGON-LIT
Schlafwagen

JOURNAUX – LIBRAIRIE
Zeitungen – Buchhandlung

WAGON-COUCHETTE
Liegewagen

RENSEIGNEMENTS
Auskunft

Dieses Schild sollten Sie auf keinen Fall übersehen:

AU-DELÀ DE CETTE LIMITE VOTRE BILLET DOIT ÊTRE VALIDE!
COMPOSTEZ-LE!

Ab hier (jenseits dieser Grenze) muss Ihre Fahrkarte gültig sein!
Entwerten Sie sie!

D. h. Sie müssen Ihre Fahrkarte in den COMPOSTEUR (Entwerter, Locher) stecken.

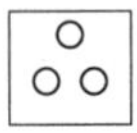

Erläuterungen

le billet	die Fahrkarte
la billetterie automatique	der Fahrkartenautomat
le départ	die Abfahrt, Abreise
la buvette	der Erfrischungsraum
l'arrivée (w.)	die Ankunft
le passage souterrain	die Unterführung
le renseignement	die Auskunft
la réservation	die Reservierung
la consigne	die Gepäckaufbewahrung
la salle d'attente	der Wartesaal
le cadeau	das Geschenk
les cadeaux	die Geschenke
la voie	das Gleis
le quai	der Bahnsteig
la sortie	der Ausgang
le ticket	die Fahrkarte
le wagon-restaurant	der Speisewagen
le wagon-lit	der Schlafwagen
le journal	die Zeitung
les journaux	die Zeitungen

Dialogue 49

Test

Fügen Sie bitte die Schilder richtig zusammen.

SOUTERRAIN

ATTENTE

GRANDES

LIGNES

WAGON-

SALLE D'

DÉPART

WAGON-

PASSAGE

BILLETS

CONSIGNE

AUTOMATIQUE

LIT

COUCHETTE

BANLIEUE

Zur Kontrolle vergleichen Sie mit dem vorhergehenden Text von Gespräch 49.

Dialogue cinquante

Gespräch 50

Où est le TGV pour Lyon?

Wo ist der TGV nach Lyon?

*Sie sind an der **Gare de Lyon** und wollen mit dem TGV, dem Hochgeschwindigkeitszug (Train à Grande Vitesse), über Lyon nach Marseille fahren.*
Sie stellen jetzt viele Fragen, auf die Ihnen die Zugbegleiterin antwortet. Hören Sie wieder gut zu und sprechen Sie nach.

Écoutez bien et répétez, s'il vous plaît!

– Où est le TGV pour Lyon?
le wagon-lit?
le train direct pour Marseille?
voie 2?
la voiture directe pour Lille?
la voiture-couchettes?
le wagon-restaurant?
le train auto-couchettes?
un bureau de change?

– Wo ist der TGV nach Lyon?
der Schlafwagen?
der Fernschnellzug nach Marseille?
Gleis 2?
der Kurswagen nach Lille?
der Liegewagen?
der Speisewagen?
der Autoreisezug?
eine Wechselstube?

▷ – Regardez, là.
Dans cette direction.
À gauche. À droite.
À l'avant.
À l'arrière. En queue.
Au milieu.

– Schauen Sie, dort!
In dieser Richtung!
Links. Rechts.
Vorne.
Hinten. Am Ende.
In der Mitte.

Continuez à parler!

la voiture directe
la voiture-couchettes
le train auto-couchettes
le train direct
la queue

Sprechen Sie weiter!

der Kurswagen
der Liegewagen
der Autoreisezug
der Intercity (Fernschnellzug)
das Ende des Zuges (Schwanz)

TGV attention! Réservation obligatoire
TGV Atlantique pour le sud-ouest:
Départs et arrivées Gare Montparnasse

TGV Achtung! platzkartenpflichtig
TGV Atlantique für den Südwesten:
Abfahrt und Ankunft Bahnhof Montparnasse

Dialogue cinquante et un

Gespräch 51

Aller et retour?

Hin- und Rückfahrt?

Sie sind nun am Fahrkartenschalter der SNCF und verlangen eine Fahrkarte zweiter Klasse nach Marseille. Hören Sie wieder zu und sprechen Sie nach.

Écoutez bien et répétez, s'il vous plaît!

– Un billet de seconde pour Marseille, s'il vous plaît.
– Aller et retour?
– Non, aller simple.
– Voici, Mademoiselle. C'est quatre-vingts.

– Eine Fahrkarte zweiter Klasse nach Marseille, bitte.
– Hin- und Rückfahrt?
– Nein, Hinfahrt.
– Hier, mein Fräulein. Das macht achtzig (Euro).

○

Continuez à parler!

Un billet de seconde	pour Marseille.
Un billet de première	
Un aller simple	
Un aller et retour	
Un supplément	

Sprechen Sie weiter!

Eine Fahrkarte zweiter Klasse	nach Marseille.
Eine Fahrkarte erster Klasse	
Eine Hinfahrt	
Eine Hin- und Rückfahrt	
Einen Zuschlag	

○

Auf diese Wörtchen sollten Sie besonders achten:

sur	auf
sous	unter
au-dessus de	oberhalb
au-dessous de	unterhalb
dans	in
en dehors de	außerhalb
devant	vor (*örtlich*)
avant	vor (*zeitlich*)
derrière	hinter
entre	zwischen
en face de	gegenüber
à droite de	rechts von
à gauche de	links von
près de	in der Nähe von
loin de	weit entfernt von
à côté de	neben

Erläuterungen

un aller simple	eine Hinfahrt, einmal einfach
un aller et retour un aller retour	eine Hin- und Rückfahrkarte
un billet de seconde une seconde	eine Fahrkarte zweiter Klasse
un aller deuxième classe	eine Hinfahrt zweiter Klasse
un supplément	ein Zuschlag

Dialogue cinquante-deux

Gespräch 52

Quel quai, s'il vous plaît?

Welcher Bahnsteig, bitte?

Sie sind nun in der Abfahrtshalle und suchen den richtigen Bahnsteig. Anschließend rufen Sie einen Gepäckträger. Wie Ihnen der Titel schon verrät, beschäftigen wir uns nochmals mit ***quel/quelle*** *für* welcher, welche, welches. *Außerdem mit der Präposition* ***à*** *für* zu, nach, um, zu, in …

Allez-y! Écoutez bien, s'il vous plaît!

- Quel quai pour Marseille, s'il vous plaît?
- L'express pour Marseille? Quai deux …

- Welcher Bahnsteig bitte nach Marseille?
- Der IC nach Marseille? Bahnsteig zwei …

Sie rufen einen Gepäckträger:

- Un **porteur**, Mademoiselle?
- Oui, portez-moi ces trois valises au train de Marseille, s'il vous plaît.

- *(Einen)* **Gepäckträger**, mein Fräulein?
- Ja, bringen Sie *(mir)* bitte diese drei Koffer zum Zug nach Marseille.

Vielleicht sagen Sie auch:

- Ces bagages au quai deux, / à la consigne, / au taxi, s'il vous plaît.

- Dieses Gepäck bitte zum Bahnsteig zwei. / zur Aufbewahrung. / zum Taxi.

Über den Lautsprecher werden nun die Reisenden zum Einsteigen aufgefordert:

- Les voyageurs en direction de Marseille en voiture, s'il vous plaît. Attention au départ!

- Die Reisenden in Richtung Marseille einsteigen bitte. Vorsicht bei der Abfahrt!

Écoutez et répétez, s'il vous plaît!

Continuez à parler!

Sprechen Sie weiter!

quel – quelle	welcher, -e, -es
Quel quai?	**Welcher Bahnsteig?**
Quelle heure est-il?	**Wie viel Uhr ist es?**

Vor einem männlichen Hauptwort steht **quel**, vor einem weiblichen **quelle**.

Quel, quelle verwendet man nicht nur bei Fragen, sondern auch als Ausruf:

Quel beau temps!	Was für ein schönes Wetter!
Quelle robe!	Was für ein Kleid!
Quelle belle cravate!	Was für eine schöne Krawatte!

Erläuterungen

le porteur	der Gepäckträger
porter	tragen
la valise	der Koffer
ces valises	diese Koffer
ces trois valises	diese drei Koffer

la direction	die Richtung
en direction de …	**in Richtung/nach …**
la voiture	der Wagen
En voiture!	(*In Wagen*) Einsteigen!
le départ	die Abfahrt
au départ	bei der Abfahrt
Attention!	Vorsicht!

le train	der Zug
porter au train	zum Zug tragen

à + le = au

Die Präposition (Verhältniswort) **à**:

1. Ort: nach, in, auf

porter à …	tragen zu, nach
aller à Paris	nach Paris fahren
aller à l'église	in die Kirche gehen
Je suis à Paris.	Ich bin in Paris.
à la poste	auf der Post

2. Zeit: in, um, bei

à l'aube	beim Morgengrauen
à deux heures	um zwei Uhr
à ce moment	in diesem Augenblick

3. Umstand: bei

à ces mots	bei diesen Worten

Test

Testen Sie nun wieder Ihr Wissen!

Ergänzen Sie **quel, quelle** für *welcher, welche, welches*:

quel ?
quelle ?

À ……………. **heure** est-ce que le train arrive?
À ……………. **quai** est-ce que le train arrive?
À ……………. **gare** est-ce que le train arrive?

○

……………. robe! ……………. beau temps! ……………. train!

Die Lösung finden Sie im Lösungsteil im Anhang.

Quatrième cassette: fin de la face A **Kassette 4: Ende der A-Seite**

Dialogue cinquante-trois

Gespräch 53

Les billets, s'il vous plaît!

Die Fahrkarten, bitte!

Sie sitzen im Zug nach Lyon–Marseille und sprechen mit dem Zugbegleiter.
Hören Sie wieder aufmerksam zu und sprechen Sie nach.

Écoutez et répétez, s'il vous plaît!

– Bonjour, **Mesdames et Messieurs.**
Les billets, s'il vous plaît.
– Voilà, Monsieur.
– Merci, Mademoiselle.
– Pardon, Monsieur, [faut-il] changer de train pour Marseille?
– [Mais non], Mademoiselle, c'est direct.

[Vous êtes] dans le rapide de Marseille.

– Guten Tag, **meine Damen und Herren.**
– Die Fahrkarten bitte.
– Hier, mein Herr,
– Danke, mein Fräulein.
– Verzeihung, mein Herr, [muss ich] umsteigen nach Marseille?
– [Aber nein], mein Fräulein, das ist ein direkter Zug (*direkt*).
[Sie sind] im Schnellzug nach Marseille.

○

Continuez à parler!

Est-ce que cette place est libre?
Est-ce que cette place est occupée?
Est-ce que la fumée vous gêne?

Sprechen Sie weiter!

Ist dieser Platz frei?
Ist dieser Platz besetzt?
Stört Sie das Rauchen?

△
Fragen leitet man in der Umgangssprache gerne mit **Est-ce que ...?** ein, weil danach die **regelmäßige Wortfolge** erhalten bleibt.

○

Vous permettez?	Gestatten Sie?
Vous permettez que j'ouvre la fenêtre?	Gestatten Sie, dass ich das Fenster öffne?
Vous permettez que je ferme la fenêtre?	Gestatten Sie, dass ich das Fenster schließe?

Erläuterungen

Voici *oder* voilà	Hier ist, da ist
le contrôleur	der Kontrolleur, Schaffner, Zugbegleiter
mesdames et messieurs *oder kurz:* **messieurs-dames**	meine Damen und meine Herren, meine Herrschaften

le billet	1. die Fahrkarte 2. der Geldschein
un billet de cent euros	**ein 100-Euro-Schein**

Faut-il ...?	Muss man ...?, Muss ich ...?, Müssen wir ...?
changer de train	umsteigen (*Zug wechseln*)
Mais non ...	Aber nein ...
un train direct	ein (*direkter*) durchgehender Zug
le rapide	der Schnellzug

Dialogue cinquante-quatre

Gepräch 54

J'ai déjeuné au wagon-restaurant

Ich habe im Speisewagen (zu Mittag) gegessen

*Wie Ihnen der Titel schon verrät, geht es jetzt um die Vergangenheit, und zwar um das **Perfekt**, das in der Umgangssprache am häufigsten verwendet wird. Die so genannte zusammengesetzte Vergangenheit wird bei den folgenden Verben mit dem Hilfsverb **avoir** (haben) und dem Partizip Perfekt, z. B. **déjeuné** (gegessen) gebildet.*

Hören Sie wieder aufmerksam zu und sprechen Sie nach, damit Sie über Ihre Eindrücke und Erlebnisse in Paris berichten können.

Écoutez attentivement et répétez, s'il vous plaît!

J'ai déjeuné au wagon-restaurant.	**Ich habe** im Speisewagen (zu Mittag) **gegessen.**
J'ai trouvé un bon hôtel.	**Ich habe** ein gutes Hotel **gefunden.**
J'ai visité le Louvre.	**Ich habe** den Louvre **besichtigt.**
J'ai admiré les peintures.	**Ich habe** die Gemälde **bewundert.**
J'ai dépensé beaucoup d'argent.	**Ich habe** viel Geld **ausgegeben.**
J'ai choisi un hôtel près de la gare.	**Ich habe** ein Hotel in der Nähe des Bahnhofs **gewählt.**
J'ai beaucoup **réfléchi.**	**Ich habe** viel **nachgedacht.**
J'ai fini le voyage mardi.	**Ich habe** die Reise am Dienstag **beendet.**
J'ai vendu mon transistor.	**Ich habe** mein Kofferradio **verkauft.**
J'ai perdu un chèque.	**Ich habe** einen Scheck **verloren.**
J'ai attendu une heure.	**Ich habe** eine Stunde **gewartet.**
Hilfsverb + Partizip fast immer zusammen	Hilfsverb – Partizip getrennt

Continuez à parler!

Sprechen Sie weiter!

Beachten Sie besonders das stimmhafte s bei ils‿ont; ells‿ont.

Écoutez bien et répétez, s'il vous plaît!

déjeuner = (zu Mittag) essen

J'ai		au wagon-restaurant.
Tu as		au restaurant.
Il a		au bistro.
Elle a	déjeuné	au snack.
Nous avons		au self-service.
Vous avez		à l'hôtel.
Ils ont		à la maison.
Elles ont		chez Nicole.

Satzstellung: geschlossen (zusammen)

Ich habe	im Speisewagen	
Du hast	im Restaurant	
Er hat	in der Kneipe	
Sie hat	im Schnellimbiss	(zu Mittag) gegessen.
Wir haben	im Selbstbedienungs-restaurant	
Ihr habt (Sie haben)	im Hotel	
Sie haben	zu Hause	
Sie haben	bei Nicole	

Satzstellung: offen (auseinander)

Einige Verben bilden das Partizip Perfekt unregelmäßig. Diese müssen Sie sich besonders einprägen. Hören Sie zu:

j'ai vu, pu, lu, su, cru, voulu	ich habe gesehen, gekonnt, gelesen, gewusst, geglaubt, gewollt
j'ai fait, mis, dit, pris	ich habe gemacht, gesetzt (gelegt, gestellt), gesagt, genommen

Auf einen Blick: Perfekt (zusammengesetzte Vergangenheit)

Verben auf -er: Partizip endet auf **-é** (Aussprache helles, kurzes **-e**)

déjeuner	– j'ai	déjeuné	essen	– ich habe	gegessen
trouver	– j'ai	trouvé	finden	– ich habe	gefunden
visiter	– j'ai	visité	besichtigen	– ich habe	besichtigt
admirer	– j'ai	admiré	bewundern	– ich habe	bewundert
dépenser	– j'ai	dépensé	ausgeben	– ich habe	ausgegeben

Verben auf -ir: Partizip endet auf **-i**

choisir	– j'ai	choisi	wählen	– ich habe	gewählt
réfléchir	– j'ai	réfléchi	nachdenken	– ich habe	nachgedacht
finir	– j'ai	fini	beenden	– ich habe	beendet

Verben auf -re: Partizip endet auf **-u** (Aussprache[ü])

vendre	– j'ai	vend**u**	verkaufen	– ich habe	verkauft
perdre	– j'ai	perd**u**	verlieren	– ich habe	verloren
attendre	– j'ai	attend**u**	warten	– ich habe	gewartet

Besonders merken müssen Sie sich:
j'ai été = ich bin gewesen. Im Französischen sagt man also:
‚ich habe gewesen'.
J'ai été malade. Ich bin krank gewesen.

Test

1 Sie lesen z. B.: parler
Und Sie schreiben: J'ai parlé.

écouter	....	dormir (schlafen)	....
manger	....	perdre	....
acheter	....	répondre	....
finir	....	attendre	....
choisir	....		

Die Lösung finden Sie im Lösungsteil im Anhang.

2 Ordnen Sie diese Ausdrücke zu richtigen Sätzen:

restaurant au déjeuné nous avons acheté une j'ai valise
j'ai hôtel choisi de la gare près un le Louvre visité j'ai

Die Sätze stehen im vorhergehenden Gespräch.

Dialogue cinquante-cinq

Gespräch 55

Il est allé à l'aéroport

Er ist zum Flughafen gefahren

Pierre ist zum Flughafen gefahren und holt seine Mutter ab. Sie merken schon, dass wir bei der Vergangenheit bleiben. Diesmal beschäftigen wir uns aber mit Verben, die die Vergangenheit nicht mit haben *(**avoir**) (z. B.* ich habe gegessen *– **j'ai déjeuné**), sondern mit* sein *(**être**) (z. B.* er ist gegangen *– **il est allé**) bilden.*

Lesen Sie beim folgenden Gespräch mit, damit Ihnen die Besonderheiten auffallen, um die es dabei geht.

Écoutez bien!

– Où est Pierre?
– Il est allé à l'aéroport de Roissy pour aller chercher sa mère.
Il est sorti de la maison [il y a dix minutes].

– Et Brigitte?
– Elle est allée aussi [avec lui].
[Tous les deux], Pierre et Brigitte, sont allés à l'aéroport.

Hören Sie gut zu!

– Wo ist Pierre?
– Er ist zum Flughafen Roissy gefahren, um seine Mutter abzuholen.
Er ist [vor zehn Minuten] aus dem Haus gegangen.
– Und Brigitte?
– Sie ist auch [mit ihm] gefahren.
[Alle beide], Pierre und Brigitte, sind zum Flughafen gefahren.

Continuez à parler!

Sprechen Sie weiter!

Il est	allé.	Er ist gegangen (gefahren).
Pierre est	allé.	Peter ist gegangen.
Elle est	allée.	Sie ist gegangen.
Brigitte est	allée.	Brigitte ist gegangen.
Ils sont	allés.	Sie (m) sind gegangen.
Elles sont	allées.	Sie (w) sind gegangen.

Gleiche Aussprache für **allé, allée, allés** und **allées**.

Die Erklärung hierzu ist eigentlich überflüssig – Sie haben sie bestimmt selbst herausgefunden.

Das mit **être** (sein) verbundene **Partizip Perfekt** (Mittelwort der Vergangenheit) ist wie das **Adjektiv veränderlich,** d. h. es richtet sich in Geschlecht und Zahl nach dem **Satzgegenstand:**
- Ist dieser **weiblich,** dann hängt man ein **-e** an (elle est allée);
- ist er im **Plural,** so hängt man ein -s an (ils sont allés);
- ist er **weiblich** und im **Plural,** so hängt man **-es** an (elles sont allées).

Bei der folgenden Zusammenstellung von Partizipien sprechen Ihnen Pierre und Brigitte je die männliche und die weibliche Form vor:

il (elle) est arrivé (arrivée)	▷	nous sommes arrivés (arrivées)
il (elle) est retourné (retournée)		nous sommes retournés (retournées)
il (elle) est parti (partie)		nous sommes partis (parties)
il (elle) est sorti (sortie)		nous sommes sortis (sorties)
il (elle) est venu (venue)		nous sommes venus (venues)
il (elle) est devenu (devenue)		nous sommes devenus (devenues)
il (elle) est revenu (revenue)		nous sommes revenus (revenues)
il (elle) est resté (restée)		nous sommes restés (restées)

Wie Sie gehört haben, besteht in der Aussprache der männlichen und weiblichen Form kein Unterschied.

Erläuterungen

la mère	die Mutter
l'aéroport	der Flughafen
chercher	suchen, holen
aussi	auch
avec lui	mit ihm
tous les deux	alle beide
retourner (retourné)	zurückkehren (zurückgekehrt)
partir (parti)	abreisen (abgereist)
sortir (sorti)	weggehen (weggegangen)
venir (venu)	kommen (gekommen)
devenir (devenu)	werden (geworden)
revenir (revenu)	zurückkommen (zurückgekommen)
rester (resté)	bleiben (geblieben)

Test

Ergänzen Sie die richtige Form des Partizip Perfekts.

1 Brigitte est ……… à la gare. (aller)
2 Pierre est ……… à la gare. (aller)
3 Brigitte et Pierre sont ……… à la gare. (aller)

Bei diesem Satz werden Sie sich nun fragen, ob Sie **allés** oder **allées** schreiben sollen. Richtig ist **allés**, denn immer dann, wenn sich das Partizip Perfekt auf ein männliches **und** ein weibliches Hauptwort bezieht, wählt man die männliche Form!

4 Brigitte et Marie sont ……… à la gare. (aller)
5 Pierre et Paul sont ……… à la gare. (aller)
6 Sophie est ……… à cinq heures. (partir)
7 Georges est ……… à la maison. (rester)
8 Elles sont ……… vers six heures. (arriver)

Die Lösung finden Sie im Gespräch 55.

Dialogue cinquante-six

Gespräch 56

Nous allions faire du camping

Wir fuhren zum Campen

Der Titel sagt Ihnen schon, dass es bei diesem Bericht über eine Campingfahrt an die Côte d'Azur um die Vergangenheit geht, allerdings diesmal nicht um das Perfekt, die zusammengesetzte Vergangenheit, die man vor allem in der Umgangssprache gebraucht, sondern um das ***Imperfekt****, die einfache oder erste Vergangenheit.*
Diese wird vor allem für Gewohnheitshandlungen oder für Geschehnisse, die im Hintergrund ablaufen, verwendet. Dagegen werden einmalige Ereignisse in der zusammengesetzten Vergangenheit (passé composé) geschildert.

Hören Sie dem Bericht aufmerksam zu, damit Sie mitbekommen, welches Ereignis auf der Campingfahrt eingetreten ist.

Écoutez attentivement!

– Je désirais déjà depuis quelques années faire du camping à la mer.

En juillet de cette année, pendant les vacances, quand j'allais enfin faire du camping avec mon amie, ma voiture est tombée en panne.

Nous allions faire du camping près de Nice et dressions la tente près de la mer.

Toute la journée nous étions dans l'eau qui avait vingt-quatre degrés.

Hören Sie aufmerksam zu!

– Ich wünschte schon seit einigen Jahren, am Meer (Camping zu machen) zu campen.

Im Juli dieses Jahres während der Ferien, als ich endlich auf dem Weg zum Campen mit meiner Freundin war, ging mein Auto kaputt.

Wir fuhren zum Campen in die Nähe von Nizza und stellten das Zelt in der Nähe des Meeres auf.

Den ganzen Tag waren wir im Wasser, das vierundzwanzig Grad hatte.

O

Continuez à parler! | Sprechen Sie weiter!

Merken Sie sich besonders das Imperfekt von ‚haben' und ‚sein'. Sprechen Sie diese Formen sooft nach, bis Sie diese im Schlaf beherrschen.

J'avais Tu avais Il (Elle) avait Nous avions Vous aviez Ils (Elles) avaient	une belle tente.	Ich hatte Du hattest Er (sie) hatte Wir hatten Ihr hattet/Sie hatten Sie hatten	ein schönes Zelt.
J'étais Tu étais Elle (Il) était Nous étions Vous étiez Ils (Elles) étaient	à la mer.	Ich war Du warst Er (sie) war Wir waren Ihr wart/Sie waren Sie waren	am Meer.

Alle regelmäßigen Verben, die im Infinitiv auf **-er**, **-re** oder **-ir** enden, bilden das **Imperfekt** mit den folgenden Endungen, die an den Wortstamm angehängt werden.

désirer:	je	désir**ais**	ich wünschte …
	tu	désir**ais**	
	il / elle	désir**ait**	
	nous	désir**ions**	
	vous	désir**iez**	
	ils / elles	désir**aient**	
vendre:	je	vend**ais**	ich verkaufte …
	tu	vend**ais**	
	il / elle	vend**ait**	
	nous	vend**ions**	
	vous	vend**iez**	
	ils / elles	vend**aient**	

finir:	je	finissais	ich beendete ...
	tu	finissais	
	il / elle	**finissait**	
	nous	**finissions**	
	vous	**finissiez**	
	ils / elles	**finissaient**	

Die Endungen: **- ais, -ait, -aient** werden wie [ä] gesprochen und klingen alle gleich.

Erläuterungen

désirer – je **désirais** — wünschen – ich **wünschte**
déjà — schon
depuis quelques années — **seit** einigen Jahren

faire du camping — (Camping machen) campen
enfin — endlich, schließlich
en juillet — im Juli

mon ami	mein Freund
mon amie	meine Freundin

aller – nous **allions** — gehen – wir **gingen**
près de Nice — **in der Nähe von** Nizza

tomber en panne — kaputt gehen
ensuite — danach

dresser la tente — das Zelt aufstellen

toute la journée — den ganzen Tag (lang)
(Mit **journée** bezeichnet man den Tagesverlauf.)

l'eau – dans l'eau — das Wasser – im Wasser

l'eau **qui** ... — das Wasser, **welches** ...

Test

Ergänzen Sie den folgenden Text. Anschließend vergleichen Sie zur Kontrolle Ihre Ergänzungen mit dem Originaltext.

Je .... déjà depuis quelques années faire du camping à la mer.
En .... de cette année, pendant les vacances, quand j'.............. faire du camping avec .... amie. .... en panne.
Nous allions faire du camping près de Nice.
Nous .... la tente près .... mer.
Toute la journée nous .... dans l'eau qui avait vingt-quatre degrés.

Dialogue cinquante-sept

Gespräch 57

Bonne route !

Gute Fahrt!

Sie sind mit dem Auto unterwegs und müssen tanken. Hören Sie beim Gespräch mit dem Tankwart wieder aufmerksam zu. Anschließend lernen Sie wichtige Ausdrücke rund ums Auto und den Straßenverkehr.

Écoutez attentivement!

– Nous n'avons presque plus d'essence.
Je dois prendre de l'essence.

– Pardon, Monsieur, où y a-t-il une station-service, s'il vous plaît?
– Vous avez de la chance, regardez, là, de l'autre côté.
– Merci bien, Monsieur.
– Il n'y a pas de quoi.

– Voilà le pompiste.
– Combien de litres?
– Faites le plein.
– Pour l'eau et l'huile, tout va bien?
– Oui, ça va, merci.

(Sie bezahlen:)
Voilà … et ça, c'est pour vous.
– Merci, Mademoiselle, et bonne route!

Hören Sie aufmerksam zu!

– Wir haben fast kein Benzin mehr.
– Ich muss tanken.

– Entschuldigen Sie, wo ist bitte eine Tankstelle?
– Sie haben Glück, schauen Sie, da, auf der anderen Seite.
– Vielen Dank.
– Bitte sehr.

– Da ist der Tankwart.
– Wie viele Liter?
– Voll tanken.
– Sind Wasser und Öl in Ordnung?
– Ja, (*das geht*) in Ordnung, danke.

Hier bitte … und das ist für Sie.
– Danke, und gute Fahrt!

Écoutez et répétez, s'il vous plaît!

Hören Sie zu und wiederholen Sie, bitte!

Continuez à parler!

Sprechen Sie weiter!

Vielleicht haben Sie Probleme mit Ihrem Auto. Für diesen Fall geben wir Ihnen ein paar nützliche Ausdrücke. Merken Sie sich vor allem den wichtigen Ausdruck:

… ne fonctionne pas **… funktioniert nicht**

L'éclairage	ne fonctionne pas.	Die Beleuchtung	funktioniert nicht.
Le chauffage		Die Heizung	
Le frein à main		Die Handbremse	
La pompe à essence		Die Benzinpumpe	
Le cric		Der Wagenheber	

Vérifiez	le moteur.	Überprüfen Sie	den Motor.
	les freins.		die Bremsen.
	les freins à disque.		die Scheibenbremsen.
	les phares.		die Scheinwerfer.
	les pneus.		die Reifen.
	les bougies.		die Zündkerzen.
	la batterie.		die Batterie.
	le carburateur.		den Vergaser.

Changez	les bougies!	**Wechseln Sie**	die Zündkerzen!
Chargez	la batterie!	**Laden Sie**	die Batterie!
Gonflez	les pneus!	**Pumpen Sie**	die Reifen **auf!**
	la roue de rechange!		das Ersatzrad
Nettoyez	le pare-brise!	**Reinigen Sie**	die Windschutzscheibe!
Lavez	la voiture!	**Waschen Sie**	den Wagen!

Dialogue 57

Erläuterungen

l'essence (w.)	das Benzin
ne ... plus d'essence	kein Benzin mehr
presque	fast
je dois	ich muss
prendre	nehmen
Vous avez de la chance!	Sie haben Glück!
de l'autre côté	auf der anderen Seite
il y a	es gibt
Il n'y a pas de quoi!	Bitte sehr!
faire	machen
Faites le plein!	Tanken Sie voll!
l'eau (w)	das Wasser
l'huile (w)	das Öl
sans plomb	bleifrei

Wichtige Straßenschilder:

ATTENTION!
Vorsicht!

SENS UNIQUE
Einbahnstraße

DANGER! VIRAGE!
Vorsicht! Kurve!

CROISEMENT DANGEREUX!
Gefährliche Kreuzung!

RALENTIR
Langsamer fahren!

TRAVAUX
Bauarbeiten

CHANTIER
Baustelle

FIN DE CHANTIER
Ende der Baustelle

DÉFENSE DE DOUBLER
Überholverbot

PASSAGE À NIVEAU GARDÉ
Bewachter Bahnübergang

PASSAGE À NIVEAU NON GARDÉ
Unbewachter Bahnübergang

ÉCOLE
Schule

DÉVIATION
Umleitung

CHAUSSÉE GLISSANTE
Rutschige Fahrbahn

CROISEMENT
PRIORITÉ À DROITE
Kreuzung
Rechts hat Vorfahrt

ROUTE NATIONALE
Bundesstraße

PARC DE STATIONNEMENT
Parkplatz

Dialogue cinquante-huit

Gespräch 58

Aller et retour classe-touriste, s'il vous plaît!

Hin- und Rückflug Touristenklasse, bitte!

In einem Reisebüro lösen Sie eine Flugkarte der AIR FRANCE nach Nizza. Hören Sie dem Schaltergespräch wieder aufmerksam zu und sprechen Sie nach.

Écoutez attentivement et répétez, s'il vous plaît!

– Un vol pour ce soir à 19 h 30
pour **Nice**, s'il vous plaît.
– Un aller simple?
– Non, aller et retour.
Classe-touriste.
Et pour les bagages?
– Vous avez droit à vingt kilos.

Votre nom et votre adresse, s'il vous plaît?
... Merci, Mademoiselle.
Rendez-vous ici même à 18 heures 10.
Le car vous conduira à l'aéroport.

– Einen Flug für heute Abend 19 Uhr 30
nach **Nizza**, bitte.
– Nur Hinflug?
– Nein, hin und zurück.
Touristen-(Economy-)Klasse.
Und wie ist es mit dem Gepäck?
– (*Sie haben Anrecht auf 20 Kilo.*)
20 Kilo sind frei.
Ihr Name und Ihre Adresse bitte?
... Danke, mein Fräulein.
Treffpunkt hier (*selbst*) um 18 Uhr 10.
Der Bus wird Sie zum Flughafen bringen.

Continuez à parler!

– Où est la salle d'attente?
la sortie A?
le bureau d'information?
l'hôtesse de l'air?
votre bagage à main?

Sprechen Sie weiter!

– Wo ist der Wartesaal?
der Ausgang A?
der Informationsschalter?
die Stewardess?
Ihr Handgepäck?

Dialogue 58

– Voici ma valise.
– Vous avez cinq kilos de bagages en excédent!
– **Est-ce que je dois payer** un supplément?
– Certainement.

– Hier ist mein Koffer.
– Ihr Gepäck hat fünf Kilo Übergewicht!
– **Muss ich** einen Zuschlag **bezahlen**?
– Sicher.

Erläuterungen

le vol	der Flug
aller et retour	Hin- und Rückflug(-fahrt)
ce soir	heute Abend
à 19 h30 (à dix-sept heures trente)	um 19 Uhr dreißig
un aller simple	eine Hinfahrt
les bagages	das Gepäck
la valise	der Koffer
le droit	das Recht
Vous avez droit à …	Sie haben Anrecht auf …
le nom	der Name
l'adresse (w)	die Adresse
le rendez-vous	der Treffpunkt
conduire	fahren
le car	der Bus
Le car vous conduira à l'aéroport.	Der Bus wird Sie zum Flughafen bringen (fahren).
le kilo	das Kilo
cinq kilos	fünf Kilo
de bagages en excédent	(*von*) Gepäckübergewicht
je dois payer	ich muss bezahlen
Est-ce que je dois payer …?	Muss ich bezahlen …?
le supplément	der Zuschlag

Dialogue cinquante-neuf

Gespräch 59

Départ

Abflug

Sie betreten nun die Abflughalle im Flughafen Paris Orly und warten auf Ihren Abflug nach Nizza. In der Abflughalle finden Sie viele Schilder und Hinweise, die Ihnen Brigitte und Pierre vorlesen.

Écoutez bien et répétez!

Hören Sie gut zu und sprechen Sie nach!

LES AÉROPORTS DE PARIS VOUS SOUHAITENT LA BIENVENUE!

Die Flughäfen von Paris heißen Sie willkommen!

○

LIVRAISON DES BAGAGES

Gepäckausgabe

AUTRES DIRECTIONS

Andere Richtungen

CORRESPONDANCE

Anschlüsse

TAXIS

Taxis

SORTIE

Ausgang

PARC À VOITURES

Parkgarage

PARIS TOUTES DIRECTIONS

Paris alle Richtungen

VOITURES DE LOUAGE

Leihwagen

Continuez à parler! Sprechen Sie weiter!

Sie studieren die Anzeigetafel der Abflüge und schauen, ob Ihr Flug schon aufgerufen wird.

Départs	Destinations
06.40 (six heures quarante)	Nice
07.43 (sept heures quarante-trois)	Marseille
09.15 (neuf heures quinze)	Paris
09.56 (neuf heures cinquante-six)	Avignon
10.12 (dix heures douze)	Toulouse
10.37 (dix heures trente-sept)	Nice
11.18 (onze heures dix-huit)	Paris
13.15 (treize heures quinze)	Calais
14.25 (quatorze heures vint-cinq)	Marseille
20.42 (vingt heures quarante-deux)	Paris

Da kommt auch schon der Aufruf für Ihren Flug nach Nizza:

ATTENTION! ATTENTION, S'IL VOUS PLAÎT!
Messieurs les passagers AIR FRANCE à destination de Nice sont priés de se rendre en salle d'attente A pour le départ immédiat!

ACHTUNG! ACHTUNG, BITTE!
Die Fluggäste AIR FRANCE nach Nizza werden gebeten, sich zum Wartesaal A zu begeben für den sofortigen Abflug!

Test

Ordnen Sie die Abflugszeiten nach der zeitlichen Folge.

1 onze heures dix-huit ....
2 neuf heures cinquante-six ....
3 neuf heures quinze ....
4 treize heures quinze ....
5 vingt heures quarante-deux ....
6 quatorze heures vingt-cinq ....
7 sept heures quarante-trois ....
8 dix heures trente-sept ....
9 six heures quarante ....
10 dix heures douze ....

Zur Lösung vergleichen Sie Ihre Eintragungen mit dem vorhergehenden Text.

Dialogue soixante

Nous atterrissons dans quelques minutes à Nice

Gespräch 60

Wir landen in einigen Minuten in Nizza

Bevor Sie landen, sprechen Sie noch mit der Stewardess.
Sie verabschiedet sich von Ihnen und wünscht eine gute Reise.

Allez-y et bonne chance!

– Où sommes-nous maintenant?
– Nous survolons Lyon.
– Et quand serons-nous à Nice?
– Dans une heure, Monsieur …

– Mesdames et Messieurs!
Nous atterrissons dans quelques minutes à Nice.
Attachez vos ceintures et
éteignez vos cigarettes!
Le temps à Nice: beau et chaud.
Je vous souhaite un agréable
séjour à Nice.

Los geht's, viel Glück!

– Wo sind wir jetzt?
– Wir überfliegen Lyon.
– Und wann werden wir in Nizza sein?
– In einer Stunde, mein Herr …

– Meine Damen und Herren!
Wir landen in einigen Minuten in Nizza.
Bitte anschnallen und
das Rauchen einstellen!
Das Wetter in Nizza: heiter und warm.
Ich wünsche Ihnen einen angenehmen
Aufenthalt in Nizza.

Erläuterungen

dans une heure	in einer Sunde
dans quelques minutes	in einigen Minuten
atterrir	landen
nous atterrissons	wir landen
à destination de …	(*mit Bestimmung* …) nach …
prier	bitten
le passager	der Reisende, der Fluggast
les passagers sont priés …	die Reisenden *(sind)* werden gebeten …
se rendre	sich begeben

nous sommes	wir sind
où sommes-nous?	**wo** sind wir?
maintenant	**jetzt**
survoler	überfliegen
nous serons	wir werden sein
quand serons-nous ... ?	**wann** werden wir sein ...?
attacher	befestigen
attachez!	befestigen Sie!
éteindre	auslöschen, ausschalten, ausmachen
éteignez!	löschen Sie aus! schalten Sie aus! machen Sie aus!
vos ceintures	Ihre (Sicherheits-)Gurte
vos cigarettes	Ihre Zigaretten
Attachez vos ceintures et éteignez vos cigarettes!	Bitte anschnallen und das Rauchen einstellen! *(wörtlich: Befestigen Sie Ihre Gurte und löschen Sie Ihre Zigaretten aus!)*

Unsere Reise nach Paris ist beendet. Wir hoffen, dass Sie sich gut unterhalten haben und weiter viel Freude an der französischen Sprache haben.

Wir verabschieden uns von Ihnen:

Salut!

Au revoir à tous!

À un de ces jours!

Au revoir!

À très bientôt! Salut!

Quatrième cassette: fin de la face B **Kassette 4: Ende der B-Seite**

AUF EINEN BLICK – ÜBERSICHTEN ZUR GRAMMATIK

1. Artikel

● **Der bestimmte Artikel**

Singular (Einzahl)	le la l'
Plural (Mehrzahl)	les

Singular:	Plural:
le passeport	les passeports
le billet	les billets
le cigarette	les cigarettes
le cigare	les cigares
la carte	les cartes
la clé	les clés
la gare	les gares
l' hôtel	les hôtels

*Der **Plural** des bestimmten Artikels lautet immer **les**. Das ‚s' wird nur gesprochen vor Wörtern, die mit Vokal oder stummen ‚h' beginnen: les‿apéritifs, les‿hôtels.*

● **Der unbestimmte Artikel**

bestimmter Artikel		unbestimmter Artikel	
le café	▷	un café	
le cognac		un cognac	**männlich**
le journal		un journal	
la bière	▷	une bière	
la limonade		une limonade	**weiblich**
la tasse		une tasse	

Spricht man im Plural von einer unbestimmten Menge, dann setzt man des davor.

Singular:		Plural:
un croissant	▷	des croissants
une cigarette		des cigarettes

- **Der Teilungsartikel**

la salade	**de** la salade	*Zum Ausdruck einer unbestimmten Menge setzt man **de** davor.*
la viande	de la viande	
la bière	de la bière	
l'eau minérale	**de** l'eau minérale	
le café	**du** café	
le thé	du thé	
le vin	du vin	***de** + **le** verschmelzen zu **du***
le pain	du pain	
le fromage	du fromage	

2. Substantiv (Hauptwort)

- **Pluralbildung**

Voilà	le passeport	Voilà	les passeports
	le billet		les billets
	le cigare		les cigares
	le livre		les livres
	la lettre		les lettres

Regelmäßige Pluralbildung:
Der Plural wird meist durch Anhängen eines -s gebildet, das nicht gesprochen wird.

Unregelmäßige Pluralbildung:

le cheval	(Pferd)	– les cheva**ux**	**-al** .... **-aux**
le journal	(Zeitung)	– les journ**aux**	
l'hôpital	(Hospital)	– les hôpit**aux**	
le château	(Schloss)	– les château**x**	**-au, -eu** .... **-x**
le lieu	(Ort)	– les lieu**x**	
Ausnahme:			
le pneu	(Reifen)	– les pneus	
la souris	(Maus)	– les souris	**-s, -x, -z** ...... *unverändert!*
le prix	(Preis)	– les prix	
le nez	(Nase)	– les nez	

Beachten Sie besonders:

- monsieur – **messieurs** madame – **mesdames** mademoiselle – **mesdemoiselles**

Pluralwörter: *Diese Substantive kommen nur im Plural vor:*

les environs les alentours	= die Umgebung	les frais	= die Kosten
aux environs (alentours)	= in der Umgebung	les gens	= die Leute
les vivres	= der Proviant	les mœurs	= die Sitten

- **Deklination der Substantive**

Singular (Einzahl)

Nominativ	(1. Fall)	**Paul**	**la place**	**l'hôtel**	**le père**
Genitiv	(2. Fall)	de Paul	de la place	de l'hôtel	du père
Dativ	(3. Fall)	à Paul	à la place	à l'hôtel	au père
Akkusativ	(4. Fall)	Paul	la place	l'hôtel	le père

- *Das Substantiv bleibt unverändert.*
- *Der Genitiv wird durch* **de**, *der Dativ durch* **à** *ausgedrückt.*
- **de + le** *wird zu* **du**
  à + le *wird zu* **au**

Plural (Mehrzahl)

Nominativ	(1. Fall):	les fils	les dames	les hôtels
Genitiv	(2. Fall):	des fils	des dames	des hôtels
Dativ	(3. Fall):	aux fils	aux dames	aux hôtels
Akkusativ	(4. Fall):	les fils	les dames	les hôtels

3. Pronomen (Begleitwörter)

● **Die Possessivbegleiter (besitzanzeigenden Begleitwörter)**

		im Singular		im Plural	
vor männlichen Substantiven:					
le fils	(Sohn)	mon	fils	mes	fils
le billet		ton	billet	tes	billets
l' ami		son	ami	ses	amis
le père		notre	père	nos	pères
le téléphone		votre	téléphone	vos	téléphones
le magasin	(Geschäft)	leur	magasin	leurs	magasins
vor weiblichen Substantiven:					
la fille	(Tochter)	ma	fille	mes	filles
la valise		ta	valise	tes	valises
la robe		sa	robe	ses	robes
la mère	(Mutter)	notre	mère	nos	mères
la maison		votre	maison	vos	maisons
la carte		leur	carte	leurs	cartes
vor weiblichen Substantiven mit Vokal:					
l' amie	(Freundin)	mon (ton, son) amie		ses	amies

● **Die Demonstrativbegleiter** (hinweisende Begleitwörter)

ce monsieur	dieser Herr	*vor männlichen Substantiven* (le monsieur, le passeport) **ce.**
ce passeport	dieser Pass	
cet ami	dieser Freund	*vor männlichen Substantiven, die mit Vokal oder stummem h beginnen* **cet.**
cet hôtel	dieses Hotel	
cette chambre	dieses Zimmer	*Vor weiblichen Substantiven* **cette.**
cette place	dieser Platz	
ces messieurs	diese Herren	*Vor Substantiven im Plural immer* **ces.**
ces passeports	diese Pässe	
ces amis	diese Freunde	
ces hôtels	diese Hotels	
ces chambres	diese Zimmer	
ces places	diese Plätze	

4. Adjektiv (Eigenschaftswort)

Das Adjektiv richtet sich in Geschlecht und Zahl nach dem Substantiv:

- **männliche Form:**

Le café	est	mauvais.
Le thé		fort.
Le cognac		bon.
L'apéritif		cher.

weibliche Form:

La bière	est	mauvaise.
La liqueur		forte.
La chartreuse		bonne.
La bénédictine		chère.

- **Pluralbildung:**

Les costumes	sont	noirs.
		verts.
Les blouses	sont	noires.
		vertes.

Die Bildung der weiblichen Form:

froid	froide
chaud	chaude
mauvais	mauvaise
fort	forte
petit	petite
grand	grande

◁ *Regelmäßige Bildung: Im Allgemeinen wird ein -e angehängt.*

pauvre	pauvre
riche	riche
jeune	jeune
pratique	pratique
agréable	agréable
admirable	admirable

◁ *Adjektive, die auf -e enden, sind in der männlichen und weiblichen Form gleich.*

bon	bonne
cher	chère
beau	belle
blanc	blanche
frais	fraîche

◁ *Wichtige unregelmäßige Formen.*

Die Steigerung

riche – plus riche – le plus riche riche – plus riche – la plus riche	pauvre – plus pauvre – le plus pauvre pauvre – plus pauvre – la plus pauvre

△

Die Steigerung der Adjektive erfolgt dadurch, dass vor das Adjektiv das Wort **plus** *(mehr) gesetzt wird.*

Beachten Sie besonders die Steigerung von **bon/bonne** (gut):

bon – meilleur – le meilleur
bonne – meilleure – la meilleure

5. Zahlwörter

Die Grundzahlen von 1 bis 60 (Zusammenfassung)

un	1	treize	13	vingt-cinq	25	trente-sept	37
deux	2	quatorze	14	vingt-six	26	trente-huit	38
trois	3	quinze	15	vingt-sept	27	trente-neuf	39
quatre	4	seize	16	vingt-huit	28	quarante	40
cinq	5	dix-sept	17	vingt-neuf	29	quarante et un	41
six	6	dix-huit	18	trente	30	quarante-deux	42
sept	7	dix-neuf	19	trente et un	31	quarante-trois	43
huit	8	vingt	20	trente-deux	32	cinquante	50
neuf	9	vingt et un	21	trente-trois	33	cinquante et un	51
dix	10	vingt-deux	22	trente-quatre	34	cinquante-deux	52
onze	11	vingt-trois	23	trente-cinq	35	cinquante-trois	53
douze	12	vingt-quatre	24	trente-six	36	soixante	60

Die Grundzahlen von 61 bis 100

soixante et un	61	soixante-douze	72	quatre-vingt-trois	83	quatre-vingt-quatorze	94
soixante-deux	62	soixante-treize	73	quatre-vingt-quatre	84	quatre-vingt-quinze	95
soixante-trois	63	soixante-quatorze	74	quatre-vingt-cinq	85	quatre-vingt-seize	96
soixante-quatre	64	soixante-quinze	75	quatre-vingt-six	86	quatre-vingt-dix-sept	97
soixante-cinq	65	soixante-seize	76	quatre-vingt-sept	87	quatre-vingt-dix-huit	98
soixante-six	66	soixante-dix-sept	77	quatre-vingt-huit	88	quatre-vingt-dix-neuf	99
soixante-sept	67	soixante-dix-huit	78	quatre-vingt-neuf	89	cent	100
soixante-huit	68	soixante-dix-neuf	79	quatre-vingt-dix	90	cent un	101
soixante-neuf	69	quatre-vingt(s)	80	quatre-vingt-onze	91	cent deux	102
soixante-dix	70	quatre-vingt-un	81	quatre-vingt-douze	92	cent trois	103
soixante et onze	71	quatre-vingt-deux	82	quatre-vingt-treize	93	…	

Die Grundzahlen von 100 bis 1000

cent	100	deux cent dix	210	mille	1000	dix mille	10 000
deux cents	200	deux cent trente	230	deux mille	2000		
trois cents …	300	trois cent soixante	360	trois mille	3000		

cent *bleibt unverändert, wenn eine andere Zahl folgt:* quatre cent trente (430).
cent *erhält ein Plural -s, wenn es eine vorausgehende Zahl vervielfältigt und keine Zahl folgt:* deux cents euros.
mille *ist immer ohne -s:* deux mille euros; trois mille cinq cents euros.

Die Ordnungszahlen

le	premier,	der erste,
la	première	die erste
le/la	deuxième	der/die/das zweite
	troisième	der/die/das dritte
	quatrième	der/die/das vierte
	cinquième	der/die/das fünfte
	sixième	der/die/das sechste
	septième	der/die/das siebte
	huitième	der/die/das achte
	neuvième	der/die/das neunte
	dixième	der/die/das zehnte
	onzième	der/die/das elfte
	douzième	der/die/das zwölfte
	treizième	der/die/das dreizehnte
	quatorzième	der/die/das vierzehnte
	quinzième	der/die/das fünfzehnte
	seizième	der/die/das sechzehnte
	dix-septième	der/die/das siebzehnte
	dix-huitième	der/die/das achtzehnte
	dix-neuvième	der/die/das neunzehnte
	vingtième	der/die/das zwanzigste
	vingt et unième	der/die/das einundzwanzigste
	vingt-deuxième	der/die/das zweiundzwanzigste
	etc.	*usw.*
	trentième	der/die/das dreißigste
	quarantième	der/die/das vierzigste
	cinquantième	der/die/das fünfzigste
	soixantième	der/die/das sechzigste
	soixante-dixième	der/die/das siebzigste
	soixante-onzième	der/die/das einundsiebzigste
	etc.	*usw.*

6. Adverb (Umstandswort)

Im Französischen hat man für das Adverb eine eigene Form, im Unterschied zum Deutschen:

Adjektiv		Adverb	
männlich:	**weiblich:**		
rapide	rapide	**rapidement**	(schnell)
lent	lente	**lentement**	(langsam)
attentif	attentive	**attentivement**	(aufmerksam)
heureux	heureuse	**heureusement**	(glücklich)
soigneux	soigneuse	**soigneusement**	(sorgfältig)

*Die meisten **Adverbien** werden gebildet, indem man an die **weibliche** Form des **Adjektivs** die Endung **-ment** anhängt.*

7. Personalpronomen (persönliches Fürwort)

- **Unbetontes Personalpronomen**

Je	cherche	Ich	suche
Tu	cherches	Du	suchst
Il	cherche	Er	sucht
Elle	cherche	Sie	sucht
Nous	cherchons	Wir	suchen
Vous	cherchez	Ihr	sucht/Sie suchen
Ils	cherchent	Sie	suchen (z. B. Pierre und Paul)
Elles	cherchent	Sie	suchen (z. B. Brigitte und Françoise)

	me		
Il	te		un café.
Elle	lui		un thé.
Le garçon	vous	donne	un chocolat.
La serveuse	nous		un apéritif.
	leur		une bière.

me	mir, mich
te	dir, dich
lui	ihm, ihr
nous	uns
vous	euch, Ihnen, Sie
leur	ihnen

Il	me le	donne.	Er gibt	es mir.
Elle	te le		Sie gibt	es dir.
	nous le			es uns.
	vous le			es euch/Ihnen.
	le lui			es ihm/ihr.
	le leur			es ihnen.

Je	t'aime.	Ich	liebe dich.
Tu	nous aimes.	Du	liebst uns.
Il	m'aime.	Er	liebt mich.
Elle	l'aime.	Sie	liebt ihn (sie/es).
Je ne	t'aime pas.	Ich	liebe dich nicht.
Tu ne	l'aime pas.	Du	liebst sie (ihn) nicht.

● **Betontes Personalpronomen**

Nach Präpositionen: **avec toi** (mit dir), nachgestellt bei der bejahten Imperativform: **Embrasse-moi!** (Küss mich!) und zur Hervorhebung der Person: **L'État c'est moi!** (Der Staat bin ich!)

moi	ich	nous	wir	C'est **moi!**	**Ich** bin's!
toi	du	vous	ihr	Donne-le-**moi**!	Gib es **mir**!
lui/elle	er/sie	eux/elles	sie	Donnez-**lui** l'argent!	Gebt **ihm** das Geld!

8. Hilfsverben: *être* (sein) und *avoir* (haben)

être

***Präsens** (Gegenwart):*

je	suis	ich bin
tu	es	du bist
il	est	er ist
nous	sommes	wir sind
vous	êtes	ihr seid/Sie sind
ils	sont	sie sind

***Imperfekt** (1. Vergangenheit):*

j'	étais	ich war …
tu	étais	
il	était	
nous	étions	
vous	étiez	
ils	étaient	

***Perfekt** (2. Vergangenheit):*

j'	ai	ich bin gewesen …
tu	as	
il	a	été
nous	avons	
vous	avez	
ils	ont	

***Futur** (Zukunft):*

je	serai	ich werde sein …
tu	seras	
il	sera	
nous	serons	
vous	serez	
ils	seront	

***Konditional** (Bedingungsform):*

je	serais	ich würde sein
tu	serais	
il	serait	
nous	serions	
vous	seriez	
ils	seraient	

Partizip Präsens
(Mittelwort der Gegenwart):
étant seiend

avoir

Präsens (Gegenwart):

j'	ai	ich habe
tu	as	du hast
il	a	er hat
nous	avons	wir haben
vous	avez	ihr habt
ils	ont	Sie haben

Imperfekt (1. Vergangenheit):

j'	avais	ich hatte …
tu	avais	
il	avait	
nous	avions	
vous	aviez	
ils	avaient	

Perfekt (2. Vergangenheit):

j'	ai	ich habe gehabt …
tu	as	
il	a	eu
nous	avons	
vous	avez	
ils	ont	

Futur (Zukunft):

j'	aurai	ich werde haben …
tu	auras	
il	aura	
nous	aurons	
vous	aurez	
ils	auront	

Konditional (Bedingungsform):

j'	aurais	ich würde haben …
tu	aurais	
il	aurait	
nous	aurions	
vous	auriez	
ils	auraient	

Partizip Präsens
(Mittelwort der Gegenwart):
ayant habend

9. Regelmäßige Verben

Die Verben werden in drei Gruppen eingeteilt:

● Verben auf **-er**:
z. B. **regarder** (betrachten)

Präsens:	*Imperfekt:*	*Futur:*	*Konditional:*	*Partizip Perfekt:*
je regard-e	regard-ais	regarder-ai	regarder-ais	regard -é (betrachtet)
tu regard-es	regard-ais	regarder-as	regarder-ais	
il regard-e	regard-ait	regarder-a	regarder-ait	
nous regard-ons	regard-ions	regarder-ons	regarder-ions	*Partizip Präsens:*
vous regard-ez	regard-iez	regarder-ez	regarder-iez	
ils regard-ent	regard-aient	regarder-ont	regarder-aient	regard-**ant** (betrachtend)

● Verben auf **-re**:
z. B. **vendre** (verkaufen)

Präsens:	*Imperfekt:*	*Futur:*	*Konditional:*	*Partizip Perfekt:*
je vend-s	vend-ais	vendr-ai	vendr-ais	vend-**u** (verkauft)
tu vend-s	vend-ais	vendr-as	vendr-ais	
il vend	vend-ait	vendr-a	vendr-ait	
nous vend-ons	vend-ions	vendr-ons	vendr-ions	*Partizip Präsens:*
vous vend-ez	vend-iez	vendr-ez	vendr-iez	
ils vend-ent	vend-aient	vendr-ont	vendr-aient	vend-**ant** (verkaufend)

● Verben auf **-ir**:
z. B. **choisir** (auswählen, wählen)

Präsens:	*Imperfekt:*	*Futur:*	*Konditional:*	*Partizip Perfekt:*
je chois-is	chois-issais	choisir-ai	choisir-ais	chois-**i** (gewählt)
tu chois-is	chois-issais	choisir-as	choisir-ais	
il chois-it	chois-issait	choisir-a	choisir-ait	
nous chois-issons	chois-issions	choisir-ons	choisir-ions	*Partizip Präsens:*
vous chois-issez	chois-issiez	choisir-ez	choisir-iez	
ils chois-issent	chois-issaient	choisir-ont	choisir-aient	choisiss-**ant** (wählend)

Der Imperativ (die Befehlsform)

parler:	vous parlez	– **parlez!**	sprechen:	Sie sprechen, ihr sprecht	– sprechen Sie! sprecht!
attendre:	vous attendez	– **attendez!**	warten:	Sie warten, ihr wartet	– warten Sie! wartet!
choisir:	vous choisissez	– **choisissez!**	wählen:	Sie wählen, ihr wählt	– wählen Sie! wählt!
partir:	vous partez	– **partez!**	abfahren:	Sie fahren ab, ihr fahrt ab	– fahren Sie ab! fahrt ab!

regarder:	regarde!	schauen, betrachten:	schau!
vendre:	vends!	verkaufen:	verkaufe!
finir:	finis!	beenden:	beende! mach Schluss!
sortir:	sors!	hinausgehen:	geh hinaus!

nous allons	– allons!	wir gehen	– gehen wir! lasst uns gehen!
nous attendons	– attendons!	wir warten	– warten wir! lasst uns warten!
nous choisissons	– choisissons!	wir wählen	– wählen wir! lasst uns wählen!
nous partons	– partons!	wir fahren ab	– fahren wir ab!

Besonderheiten bei der Schreibung (Verben auf **-er**)

Verben auf **-ger** (z. B. manger – essen):

Der sch-Laut muss in allen Fällen erhalten bleiben, deshalb wird z. T. ein e eingeschoben:

je mange	nous mangeons	*ebenso:*	je mangeais (ich aß ...)	nous mangions
tu manges	vous mangez		tu mangeais	vous mangiez
il mange	ils mangent		il mangeait	ils mangeaient

Verben auf **-cer** (z. B. commencer – anfangen):

Der ß-Laut muss in allen Fällen erhalten bleiben, d. h. c wird zu ç, wenn andere Vokale als e oder i folgen:

je commence	nous commençons	*ebenso:*	je commençais (ich begann ...)	nous commencions
tu commences	vous commencez		tu commençais	vous commenciez
il commence	ils commencent		il commençait	ils commençaient

Verben auf **-eler** bzw. **-eter** (z. B. appeler – rufen, jeter – werfen):

Folgt eine stumme Silbe, dann wird l bzw. t verdoppelt:

j' appelle	nous appelons	je jette	nous jetons
tu appelles	vous appelez	tu jettes	vous jetez
il appelle	ils appellent	il jette	ils jettent

Der leichteren Aussprache wegen werden Akzente gesetzt, z. B. bei den Verben **acheter** (kaufen), **lever** (heben), **espérer** (hoffen):

j'	achète	nous	achetons
tu	achètes	vous	achetez
il	achète	ils	achètent

Bei Verben auf -yer wird vor stummen e das y zu i: z. B. **nettoyer** (reinigen):

je	nettoie	nous	nettoyons
tu	nettoies	vous	nettoyez
il	nettoie	ils	nettoient

10. Unregelmäßige Verben

Zur Erleichterung finden Sie hinter jedem Verb eine Aussprachehilfe (Lautschrift):

- *Ein Doppelpunkt nach einem Vokal bedeutet, dass dieser lang gesprochen wird, z. B. dire [di:r] (sagen)*
- *[ɔ] kennzeichnet ein offenes o wie in ‚Gott'.*
- *Eine Tilde auf einem Vokal kennzeichnet einen Nasallaut (Nasenlaut): [ã, õ, ũ].*

aller [ale] gehen, fahren, reisen	*Gegenwart:*	**je vais, tu vas, il va, nous allons, vous allez, ils vont** (ich gehe ...)
	Futur:	j'irai, tu iras, il ira, nous irons, vous irez, ils iront (ich werde gehen, ...)
	Perfekt:	**je suis allé** (ich bin gegangen)

boire [boa:r] trinken	*Gegenwart:*	je bois [boa], tu bois, il boit, nous buvons [büwõ], vous buvez, ils boivent
	Futur:	je boirai, (ich werde trinken, ...)
	Perfekt:	**j'ai bu** [bü] (ich habe getrunken)

connaître [kɔnätr] kennen	*Gegenwart:*	je connais [kɔnä], tu connais, il connaît, nous connaissons [kɔnäßõ], vous connaissez, ils connaissent
	Futur:	je connaîtrai, (ich werde kennen, ...)
Ebenso: reconnaître [rökɔnätr] wiedererkennen	*Perfekt:*	**j'ai connu** [kɔnü] (ich habe gekannt)

courir [kuri:r] laufen, rennen, eilen	*Gegenwart:* *Futur:* *Perfekt:*	je cours [ku:r], tu cours, il court, nous courons [kurõ], vous courez, ils courent je courrai ... (ich werde laufen ...) **j'ai couru** [kurü] (ich bin gelaufen)

croire [kroa:r] glauben	*Gegenwart:* *Futur:* *Perfekt:*	je crois [kroa], tu crois, il croit, nous croyons, vous croyez, ils croient je croirai ... (ich werde glauben ...) **j'ai cru** [krü] (ich habe geglaubt)

devoir [döwoa:r] schulden, müssen, verdanken	*Gegenwart:* *Futur:* *Perfekt:*	je dois [doa], tu dois, il doit, nous devons [döwõ], vous devez, ils doivent je devrai ... (ich werde müssen ...) **j'ai dû** [dü] (ich habe gemusst)

dire [di:r] sagen	*Gegenwart:* *Futur:* *Perfekt:*	je dis [di], tu dis, il dit, nous disons [disõ], vous dites [dit], ils disent je dirai ... (ich werde sagen ...) **j'ai dit** [di] (ich habe gesagt)

dormir [dɔrmi:r] schlafen	*Gegenwart:* *Futur:* *Perfekt:*	je dors [dɔ:r], tu dors, il dort, nous dormons, vous dormez, ils dorment je dormirai ... (ich werde schlafen ...) **j'ai dormi** (ich habe geschlafen)

écrire [ekri:r] schreiben	*Gegenwart:* *Futur:* *Perfekt:*	J'écris [*sch*ekri], tu écris, il écrit, nous écrivons [ekriwõ], vous écrivez, ils écrivent J'écrirai ... (ich werde schreiben ...) **j'ai écrit** (ich habe geschrieben)

envoyer [ãwoaje] schicken, senden	*Gegenwart:* *Futur:* *Perfekt:*	J'envoie [*sch*ãwoa], tu envoies, il envoie, nous envoyons [ãwoajõ], vous envoyez, ils envoient J'enverrai ... (ich werde schicken ...) **j'ai envoyé** (ich habe geschickt)

faire [fä:r] machen, tun	*Gegenwart:* *Futur:* *Perfekt:*	je fais [fä], tu fais, il fait, nous faisons [fösõ], vous faites, ils font je ferai ... (ich werde machen ...) **j'ai fait** [fä] (ich habe gemacht)

lire [li:r] lesen	*Gegenwart:* *Futur:* *Perfekt:*	je lis [li], tu lis, il lit, nous lisons [lisõ], vous lisez, ils lisent je lirai ... (ich werde lesen ...) **j'ai lu** (ich habe gelesen)

mettre [mätr] setzen, legen, stellen *ebenso:* permettre [pärmätr] = erlauben, promettre = versprechen	*Gegenwart:* *Futur:* *Perfekt:*	je mets [mä], tu mets, il met, nous mettons, vous mettez, ils mettent je mettrai ... (ich werde setzen ...) **j'ai mis** [mi] (ich habe gesetzt)

ouvrir [uwrir] öffnen	*Gegenwart:* *Futur:* *Perfekt:*	j'ouvre, tu ouvres, il ouvre, nous ouvrons, vous ouvrez, ils ouvrent j'ouvrirai ... (ich werde öffnen ...) **j'ai ouvert** [uwä:r] (ich habe geöffnet)

partir [parti:r] abreisen, aufbrechen, weggehen	*Gegenwart:* *Futur:* *Perfekt:*	je pars [pa:r], tu pars, il part, nous partons, vous partez, ils partent je partirai ... (ich werde abreisen ...) **je suis parti** [ich bin abgereist)

pleuvoir [plɔ̈woa:r] regnen	*Gegenwart:* *Futur:* *Perfekt:*	il pleut [plö] il pleuvra (es wird regnen) **il a plu** [plü] (es hat geregnet)

pouvoir [puwoa:r] können	*Gegenwart:* *Futur:* *Perfekt:*	je peux [pö], tu peux, il peut, nous pouvons [puwõ], vous pouvez, ils peuvent je pourrai ... (ich werde können ...) **j'ai pu** [pü] (ich habe gekonnt)

prendre [prãdr] nehmen	*Gegenwart:* *Futur:* *Perfekt:*	je prends [prã], tu prends, il prend, nous prenons [prönõ], vous prenez, ils prennent je prendrai ... (ich werde nehmen ...) **j'ai pris** [pri] (ich habe genommen)

savoir [ßawoar] wissen, können	*Gegenwart:* *Futur:* *Perfekt:*	je sais [ßä], tu sais, il sait, nous savons [ßawõ], vous savez, ils savent je saurai ... (ich werde wissen ...) **j'ai su** [ßü] (ich habe gewusst)

sentir [ßãntir] fühlen, riechen	*Gegenwart:* *Futur:* *Perfekt:*	je sens [ßã], tu sens, il sent, nous sentons [ßãtõ], vous sentez, ils sentent je sentirai ... (ich werde fühlen ...) **j'ai senti** (ich habe gefühlt)

servir [ßärwi:r] (be)dienen	*Gegenwart:*	je sers [ßä:r], tu sers, il sert, nous servons [ßärwõ], vous servez, ils servent
	Futur:	je servirai … (ich werde bedienen …)
	Perfekt:	**j'ai servi** [ßärwi] (ich habe bedient)

sortir [ßɔrti:r] hinausgehen	*Gegenwart:*	je sors [ßɔ:r], tu sors, il sort, nous sortons [ßɔrtõ], vous sortez, ils sortent
	Futur:	je sortirai … (ich werde hinausgehen …)
	Perfekt:	**je suis** sorti [ßɔrti] (ich bin hinausgegangen)

tenir [töni:r] halten	*Gegenwart:*	je tiens [tjä], tu tiens, il tient, nous tenons, vous tenez, ils tiennent
	Futur:	je tiendrai … (ich werde halten …)
	Perfekt:	**j'ai tenu** [tönü] (ich habe gehalten)

venir [wöni:r] kommen	*Gegenwart:*	je viens [wjä̃], tu viens, il vient, nous venons [wönõ], vous venez, ils viennent
	Futur:	je viendrai … (ich werde kommen …)
	Perfekt:	**je suis venu** [wönü] (ich bin gekommen)

vivre [wi:wr] leben	*Gegenwart:*	je vis [wi], tu vis, il vit, nous vivons [wiwõ], vous vivez, ils vivent
	Futur:	je vivrai … (ich werde leben …)
	Perfekt:	**j'ai vécu** [wekü] (ich habe gelebt)

voir [woa:r] sehen	*Gegenwart:*	je vois [woa], tu vois, il voit, nous voyons [woajõ], vous voyez, ils voient
	Futur:	je verrai … (ich werde sehen …)
	Perfekt:	**j'ai vu** [wü] (ich habe gesehen)

vouloir [wuloa:r] wollen	*Gegenwart:*	je veux [wö], tu veux, il veut, nous voulons [wulõ], vous voulez, ils veulent
	Futur:	je voudrai … (ich werde wollen …)
	Perfekt:	**j'ai voulu** [wulü] (ich habe gewollt)

11. LAUTSCHLÜSSEL

Hier eine Zusammenstellung der einzelnen französischen Laute.
Prägen Sie sich SCHREIBUNG und AUSSPRACHE anhand der beigegebenen ***Merkwörter*** *ein.*

Schreibung:	Aussprache:	Merkwort:
c	wie **ß** vor **e** und **i** wie **k** vor **a,** **o, u** und vor Konsonanten	ce merci le café la cravate
ç	wie **ß**	français
ch	vor Vokalen wie **sch,** vor Konsonanten aber wie **k**	 charmant orchestre Christophe
g	wie **g** vor **a,** **o, u** und vor Konsonanten, aber wie **sch** (weich) vor **e** und **i**	gabardine grand le gendarme
gn	wie **nj**	le cognac
h	ist stumm	l'hôtel
j	wie **sch** (weich)	le journal
ll	wie **j**	la fille *aber:* la ville (l)
q, qu	wie **k**	quatre
s	wie **ß** am Wortanfang, aber stimmhaft zw. 2 Vokalen und stumm am Wortende	 la salade la rose Paris

Schreibung:	Aussprache:	Merkwort:
-tion -tial -tiel	**t** dabei wie **ß**	la nation
v	wie **w**	la ville
ai ei	wie ä oder ä (langes ä)	français
au eau o, ô	wie **o** oder **o** (langes o)	le bureau chaud l'auto
e	stumm am Wortende und in den Endungen: -e, -es, -ent	la cousine je porte tu portes il porte ils portent
	stumm auch oft im Wortinnern zw. 2 Silben	 mademoiselle
	wie schwaches ö in der 1. Silbe eines Sprechtaktes	je dis il me le donne

Schreibung:	Aussprache:	Merkwort:
é	wie helles, kurzes **e**	élégant
è, ê	wie **ä** oder **ä** fenêtre	Molière
ou	wie **u**	ou
u	wie **ü**	une
eu	wie offenes **ö**	beurre
œu	in ‚Götter‘	sœur
	Ausnahme: j’eus hatte	*(schü)* = ich
oi	wie **oa**	moi
an, am en, em	wie **ã**	restaurant
in, im	wie **ä̃**	mannequin
on, om	wie **õ**	pardon
un, um	wie **ö̃**	parfum

Beachten Sie:
*Nach harten Lauten wie **p, t, k** spricht man im Französischen keinen Hauchlaut.*
Sprechen Sie die Selbstlaute immer klar und deutlich.
*Sprechen Sie Wörter, die zusammengehören, in **einem** Atemzug.*

Lösungen zu den Testaufgaben

Lösung Test von Seite 45

1 Oui, je suis à Paris.
2 Non, il n'est pas à Toulouse.
3 Oui, j'ai (*oder:* nous avons) une belle voiture.
4 Oui, elle a une belle voiture.
5 Non, je n'ai pas dix euros.
6 Oui, je suis à la gare à une heure.

Lösung Test von Seite 55

L	A	E	T	A	S
E	C	H	H	R	T
C	A	F	É	T	E
A	F	B	I	E	A
R	O	U	B	I	D
A	B	I	È	R	E

Lösung Test von Seite 81

(1) du café, du thé, du lait, du chocolat
du pain, des croissants, du beurre, de la confiture

(2) de vin, d'apéritif, de bière
de légumes, de viande, de salade

Lösung Test von Seite 95

A	L	U	J	U	M	B	I	N
E	S	C	A	L	O	P	E	O
F	R	O	M	A	G	E	I	U
O	H	L	B	I	È	R	E	M
I	N	P	O	T	A	G	E	R
T	H	É	N	A	T	U	R	E

Lösung Test von Seite 99

1 Claire est plus petite.
2 Le thé est plus fort.
3 L'apéritif est plus cher.
4 Brigitte est plus jeune.
5 Le thé est meilleur.
6 Brigitte est plus belle.

Lösung Test von Seite 102

1 Oui, je t'aime.
2 Moi aussi je t'aime.
3 Je t'aimerai ...
4 Oui, il se douche ...
5 Oui, je m'habille.
6 Il se rase chaque jour? Non, il ne se rase pas ...

Lösung Test von Seite 114

V	E	M	S	A	S	A	M	E
E	S	T	A	M	A	L	A	Z
N	I	L	U	S	M	A	R	N
D	R	O	M	E	E	F	T	A
R	L	M	A	R	D	I	L	S
E	U	P	R	O	I	L	U	N
S	N	O	L	K	M	E	R	S
E	D	R	O	S	A	B	I	O
D	I	M	N	E	N	E	U	F

Lösung Test von Seite 121

M	M	A	G	R	A	N
M	A	R	G	O	N	T
A	D	G	R	B	I	H
C	A	D	A	E	B	E
E	M	I	N	S	K	A
R	E	L	D	O	I	S
B	R	U	L	S	O	N

Lösung Test von Seite 131

1 Je ne parle pas français.
2 Nous ne parlons pas français.
3 Pierre ne vend pas sa maison.
4 Brigitte ne choisit pas un disque moderne.
5 Nous ne choisissons pas un disque classique.
6 On ne parle pas allemand.
7 Nous ne cherchons pas un hôtel près de la gare.
8 Je n'aime pas cette ville moderne.

Lösung Test von Seite 139

9.05	neuf heures cinq
9.10	neuf heures dix
9.15	neuf heures et quart
9.30	neuf heures et demie
9.40	dix heures moins vingt
9.45	dix heures moins le quart
9.50	dix heures moins dix
9.55	dix heures moins cinq
10.00	dix heures

Lösung Test von Seite 148

À quelle heure ...? À quel quai ...? À quelle gare ...?
Quelle robe! Quel beau temps! Quel train!

Lösung Test von Seite 153

J'ai écouté, mangé, acheté, fini, choisi, dormi, perdu, répondu, attendu